PC前に
置いて学べる

サンプル
データ
DL特典
付き

パカッと開く

太田耕市
OTA KOUICHI

Excel
データ集計

日本能率協会マネジメントセンター

　本書は、Excel を使ったデータ集計とデータ分析業務を効率的におこなっていただくためのノウハウをステップバイステップで学べるようになっています。学習した内容をすぐに業務に役立てていただけるように、よくある業務やシチュエーションを題材にしたデータ集計、データ抽出、データ整形の基本操作などの課題を多数用意しました。

　また本書は「PC 前に置いて学べるシリーズ」として、身体とパソコンの間、ちょうど両手をキーボードに置いたときにできるスペースに置いて開きながら作業できるようなサイズになっています。

　加えて、本書のタイトルにもある通り、開いたページが閉じないように「パカッと開く」特殊製本を施していますので、ストレスなく Excel データ集計の方法を学びながら作業を行うことができます。

　なお特典として、Excel データ集計の仕方を、データを活用しながら実際に手を動かして学んでいただけるように、ダウンロードして使える〈サンプルデータ〉もお付けしております。

　ぜひ本書を用いて、Excel データ集計のレベルアップを図ってみてください。

Contens

第 9 章 ┃ 分析ツールを活用する ············ 283

本書について

■ 内容について

　本書では、Excelを使って集計や抽出などをより手軽に、速く行うためのテクニックや機能を学びます。Excelを使ったデータ分析の基本となる集計や抽出は、関数の組み合わせや一つひとつの機能の積み重ねでも実現できますが、本書のテクニックを使えばより素早く、効率的に行うことができるようになります。なお、集計・抽出結果の活用イメージをもっていただくためにデータ分析についてもふれていますが、統計学や専門的なデータ分析を学習するものではありません。

■ Excelのバージョンと画面例について

　本書は、Microsoft OfficeのWindows版Excel2016/2019/2021、Microsoft（Office）365（いずれも日本語版）をもとに編集しており、画面はWindows10およびExcel2019を使用した場合の例となっています。これらのOSやアプリケーションのバージョンの違いにより、学習するうえで操作等が異なる場合は、そのつどバージョンごとに解説しています。

　なお、リボンに表示される内容は、横方向の解像度によって異なります。

■ 特典〈サンプルデータ〉について

　本書の特典として、各内容に対応した〈サンプルデータ〉をダウンロードしてお使いいただくことができます。下記サイトよりダウンロードしてお使いください。

　https://www.jmam.co.jp/pub/9192.html

　〈サンプルデータ〉のファイル名は、各項冒頭につぎのように記載しています。

　例：〈1_1〉〈1_2〉……〈6_2〉……

第 1 章

超便利な集計テクニック

1-1 | 関数もボタンも使わずに集計する

 オートカルク 〈1_1〉

課題 ▶ 住宅数の合計を答える

「建て方別住宅数」シートの表は、住宅の建て方（種類）ごとの住宅数を都道府県別に調べたデータです（単位：千戸）。

東北地方（青森、岩手、宮城、秋田、山形、福島）の一戸建の住宅数の合計を答えてください。

また、1都3県（埼玉、千葉、東京、神奈川）の住宅数の合計を答えてください。

	A	B	C	D
1	住宅の建て方別住宅数（都道府県別）			
2				
3	都道府県	一戸建	長屋建	共同住宅
4	北海道	1,253	101	985
5	青森	386	16	99
6	岩手	344	22	106
7	宮城	516	28	386
8	秋田	315	6	67
9	山形	307	6	71
10	福島	483	21	180
11	茨城	791	22	262
12	栃木	541	9	179

※総務省「第65回 日本統計年鑑 平成28年」より

オートカルク

オートカルク機能は、集計対象のセルを範囲選択するだけで、合計値や平均値などの集計結果をステータスバーに表示することができる機能です。

オートカルク機能の初期設定では、ステータスバーに「平均」、「データの個数」、「合計」が表示されるようになっています。

「合計はいくら？」、「平均は？」などと急に質問さ

平均	数値データが入力されているセルの数値をもとに平均値が表示される
データの個数	数値または文字列などデータが入力されているセルの個数が表示される
合計	数値データが入力されているセルの数値の合計が表示される

れてもあわてずに、オートカルク機能を活用すれば即座に答えられます。

操作手順 住宅数の合計を答える

1. 「建て方別住宅数」シートの、東北地方（青森、岩手、宮城、秋田、山形、福島）の一戸建の住宅数のセルを範囲選択します。

ここでは、セル「B5」からセル「B10」を範囲選択します。

選択したセル範囲の「平均」、「データの個数」、「合計」がステータスバーに表示されます。

	A	B	C	D
1	住宅の建て方別住宅数（都道府県別）			
2				
3	都道府県	一戸建	長屋建	共同住宅
4	北海道	1,253	101	985
5	青森	386	16	99
6	岩手	344	22	106
7	宮城	516	28	386
8	秋田	315	6	67
9	山形	307	6	71
10	福島	483	21	180
11	茨城	791	22	262

東北地方の一戸建の住宅数の「合計」は 2,351（2,351,000 戸）であることがわかります。

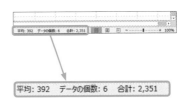

平均: 392　データの個数: 6　合計: 2,351

つぎに 1 都 3 県（埼玉、千葉、東京、神奈川）の住宅数の合計を集計します。

1. 1 都 3 県の一戸建、長屋建、共同住宅の住宅数のセルを範囲選択します。

ここでは、セル「B14」からセル「D17」を範囲選択します。

	A	B	C	D
10	福島	483	21	180
11	茨城	791	22	262
12	栃木	541	9	179
13	群馬	558	14	175
14	埼玉	1,623	43	1,224
15	千葉	1,362	48	1,103
16	東京	1,797	118	4,530
17	神奈川	1,599	81	2,155
18	新潟	638	14	181

選択したセル範囲の「平均」、「データの個数」、「合計」がステータスバーに表示されます。

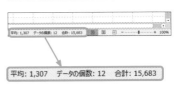

平均: 1,307　データの個数: 12　合計: 15,683

1 都 3 県の住宅数の「合計」は、15,683（15,683,000 戸）であることがわかります。

ここまでオートカルク機能の「平均」、「データの個数」、「合計」について学びました。では、有効なデータ件数が何件あるかを調べるには、どのようにしたらよいでしょうか？

「駐車料金調査」シートの表は県庁所在地および人口 15 万人以上の都市における、1 時間あたりの駐車料金を調査したデータです（「対象外」となっている都市は調査結果はありません。単位：円）。

駐車料金を調査できた都市の数を答えてください。

また、もっとも安い駐車料金（1 時間）を答えてください。

	A	B	C	D
1		駐車料金（1時間）の調査		
2		対象：県庁所在市及び人口15万以上の市		
3				
4		都市	駐車料金	
5		札幌市	367	
6		函館市	対象外	
7		旭川市	対象外	
8		青森市	203	

解説　オートカルクのカスタマイズ

オートカルク機能の初期設定では、ステータスバーに「平均」、「データの個数」、「合計」が表示されるようになっていますが、設定を変更することで、「数値の個数」、「最小値」、「最大値」を表示に加えることができます。

数値の個数	数値データが入力されているセルの個数が表示される
最小値	選択されているセルの中でもっとも小さい数値が表示される
最大値	選択されているセルの中でもっとも大きい数値が表示される

操作手順　有効なデータの件数を求める

ステータスバーに表示する集計の種類を変更します。

1. ステータスバーにカーソルを合わせて右クリックします。

[ステータスバーのユーザー設定] のショートカット
メニューが表示されます。

2. [数値の個数]、[最小値]、[最大値] をそれぞれクリックして、チェックします。
3. ショートカットメニュー以外の場所をクリックして、ショートカットメニューを閉じます。

つぎに調査できた都市の数を表示します。

4. 「駐車料金調査」シートで、札幌市の駐車料金の
   セル「C5」をクリックします。

5. Ctrl + Shift + ↓ キーを押します。
駐車料金のすべてのセルが選択されます。

▶ 範囲選択はドラッグでも可能

ドラッグしてセル範囲を選択しても同様に集計することができます。

	A	B	C
1		駐車料金（1時間）の調査	
2		対象：県庁所在市及び人口15万以上	
3			
4		都市	駐車料金
5		札幌市	367
6		函館市	対象外
7		旭川市	対象外
8		青森市	203
9		盛岡市	233

80	佐世保市	対象外
81	熊本市	333
82	大分市	233
83	宮崎市	200
84	鹿児島市	233
85	那覇市	307

ステータスバーに「平均」、「データの個数」、「合計」に加えて、「数値の個数」、「最小値」、「最大値」が表示されます。

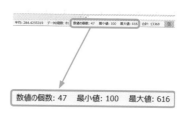

駐車料金を調査できた都市の数は、47件です。
また、もっとも安い駐車料金は100円であることがわかります。

四半期・半期・年間の合計を集計する

 オート SUM 〈1_2〉

課題 ▶ 四半期・半期・年間の合計を集計する

この表は、売上予算管理表です。

四半期、半期、年間の各合計金額を集計してください。

	区分	4月	5月	6月	第1四半期	7月	8月	9月	第2四半期	上期	10月	11月	12月	第3四半期	1月	2月	3月	第4四半期	下期	年間
売上	予算	3,772	4,512	4,267		4,555	5,361	5,531			5,837	5,938	6,285		7,075	7,026	7,077			
	実績	2,820	8,696	5,556		5,246	5,200	6,105			6,905	6,242	6,285		7,105	8,025	8,123			

売上予算管理表

単位：百万円

解説　オート SUM 機能の便利な使い方

　離れた場所にある小計行や小計列を集計したい場合には、集計内容が同じセルをまとめて範囲選択し、［オート SUM］ボタンをクリックします。Excel が自動的に集計範囲を判断して数式を入力するため、一度に複数の小計を集計することができます。

操作手順　四半期・半期・年間の合計を集計する

1. 第 1 四半期の小計のセル範囲「F4:F5」をドラッグして選択します。

2. 第 2 四半期の小計のセル範囲「J4:J5」を Ctrl キーを押しながらドラッグします。

3. 同様につぎの小計のセル範囲を Ctrl キーを押しながら順番に選択します。
   - 上期の小計のセル範囲「K4:K5」
   - 第 3 四半期の小計のセル範囲「O4:O5」
   - 第 4 四半期の小計のセル範囲「S4:S5」

- 下期の小計のセル範囲「T4:T5」
- 年間の小計のセル範囲「U4:U5」

4. [ホーム] タブ [編集] の [Σオート SUM] (または [Σ]) をクリックします。

各小計列に対応する範囲の合計が入力されます。

第1四半期のセル「F4」には「=SUM(C4:E4)」が入力されていますが、上期のセル「K4」には「=SUM(J4,F4)」、年間のセル「U4」には「=SUM(T4,K4)」が入力されていることを確認しましょう。

Excel が自動的に集計範囲を判断して、適切な数式が入力されることがわかります。

▶ **集計する範囲が異なる小計のセル範囲を同時に選択すると、正しい結果が得られない**

集計範囲が異なるセルを一緒に選択してしまうと、正しい結果を得ることができません。
たとえば、第2四半期と上期では集計する範囲が異なるため、セル範囲「J4:K5」を一度にドラッグして選択し、[Σオート SUM] (または [Σ]) をクリックしても正しい結果が得られません。必ず同じ集計範囲の小計ごとにセル範囲を選択し、[Ctrl] キーを押しながら範囲を追加していきます。

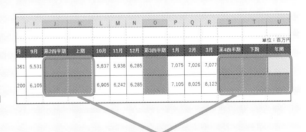

集計範囲が異なるセルを一緒に選択すると、正しい結果が得られない

1-3 構成比率を簡単に求める

クイック分析ツール 〈1_3〉

課題 ▶ **産業別就業者数の構成比率を集計する**

この表は、産業別就業者数の調査結果です。

各産業の就業者数の全体に占める構成比率を、数式を入力せずに集計してください。

	A	B	C
1	産業別就業者数（平成30年）		
2			（単位：万人）
3	産業名	就業者数	構成比（%）
4	卸売業，小売業	1,072	
5	製造業	1,060	
6	医療，福祉	831	
7	建設業	503	
8	サービス業（他に分類されないもの）	445	
9	宿泊業，飲食サービス業	416	
10	運輸業，郵便業	341	
11	教育，学習支援業	321	
12	学術研究，専門・技術サービス業	239	
13	生活関連サービス業，娯楽業	236	
14	公務（他に分類されるものを除く）	232	
15	情報通信業	220	
16	農業，林業	210	
17	金融業，保険業	163	
18	不動産業，物品賃貸業	130	
19	複合サービス事業	57	
20	電気・ガス・熱供給・水道業	28	
21	漁業	18	
22	鉱業，採石業，砂利採取業	3	

	A	B	C
1	産業別就業者数（平成30年）		
2			（単位：万人）
3	産業名	就業者数	構成比（%）
4	卸売業，小売業	1,072	16.43%
5	製造業	1,060	16.25%
6	医療，福祉	831	12.74%
7	建設業	503	7.71%
8	サービス業（他に分類されないもの）	445	6.82%
9	宿泊業，飲食サービス業	416	6.38%
10	運輸業，郵便業	341	5.23%
11	教育，学習支援業	321	4.92%
12	学術研究，専門・技術サービス業	239	3.66%
13	生活関連サービス業，娯楽業	236	3.62%
14	公務（他に分類されるものを除く）	232	3.56%
15	情報通信業	220	3.37%
16	農業，林業	210	3.22%
17	金融業，保険業	163	2.50%
18	不動産業，物品賃貸業	130	1.99%
19	複合サービス事業	57	0.87%
20	電気・ガス・熱供給・水道業	28	0.43%
21	漁業	18	0.28%
22	鉱業，採石業，砂利採取業	3	0.05%

解説　クイック分析ツール

　クイック分析ツール機能を使用するには、データが入力されているセルを範囲選択すると表示される［クイック分析］ボタンをクリックします。クイック分析ツール機能を利用すると、範囲選択したセルの「合計」、「平均」、「個数」、「構成比」、「累計」などの集計値を隣接したセルに表示することができます。

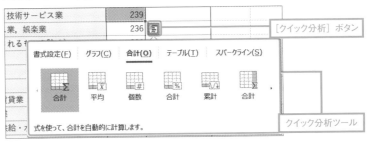

操作手順　産業別就業者数の構成比率を集計する

1. 就業者数のセル範囲「B4:B22」を範囲選択します。

▶ セル範囲の選択

セル範囲をドラッグするか、セル「B4」をクリックして [Ctrl] + [Shift] + [↓] キーを押します。

［クイック分析］ボタンが表示されます。

2. [圖]［クイック分析］ボタンをクリックします。

セル範囲を選択しても [クイック分析] ボタンが表示
されない場合は、[ファイル] タブで [オプション] (ま
たは [その他] の [オプション]) を選択し、[全般]
の [ユーザーインターフェイスのオプション] の [選
択時にクイック分析オプションを表示する] をチェッ
クします。

クイック分析ツールのメニューが表示されます。

3. **[合計] タブをクリックし、右側に表示されてい**
   る ▶ をクリックします。

4. **[合計 (%)] ボタンをクリックします。**

▶ [合計 (%)] ボタン

[合計 (%)] ボタンはいくつかありますが、ここでは右
側のセルがオレンジになっている 🔲 をクリックします。
🔲 をポイントすると、選択した範囲の右の列に構成比
率が表示されます。

　選択範囲の右隣のセル範囲「C4:C22」に、構成比
率が表示されます。

クイック分析ツールを利用すると、この他にも「合計」、
「平均」、「個数」、「累計」などを集計することができま
す。[クイック分析] ボタンをクリックし [合計] タブ
をクリックして、それぞれのボタンをクリックします。

	A	B	C
1	産業別就業者数（平成30年）		
2			（単位：万人）
3	産業名	就業者数	構成比（%）
4	卸売業，小売業	1,072	16.43%
5	製造業	1,060	16.25%
6	医療，福祉	831	12.74%
7	建設業	503	7.71%
8	サービス業（他に分類されないもの）	445	6.82%
9	宿泊業，飲食サービス業	416	6.38%
10	運輸業，郵便業	341	5.23%
11	教育，学習支援業	321	4.92%
12	学術研究，専門・技術サービス業	239	3.66%
13	生活関連サービス業，娯楽業	236	3.62%
14	公務（他に分類されるものを除く）	232	3.56%
15	情報通信業	220	3.37%
16	農業，林業	210	3.22%
17	金融業，保険業	163	2.50%
18	不動産業，物品賃貸業	130	1.99%
19	複合サービス事業	57	0.87%
20	電気・ガス・熱供給・水道業	28	0.43%
21	漁業	18	0.28%
22	鉱業，採石業，砂利採取業	3	0.05%

1-4 | 項目別に小計を表示する

 小計 ⟨1_4⟩

課題 ▶ 項目別に数量と金額の合計を求める

　この表は、B百貨店のWebサイトで行った北海道フェアの売上データの表です。

　この表に小計行を追加して、分類別、商品別の［数量］の合計、［売上金額］の合計を集計してください。

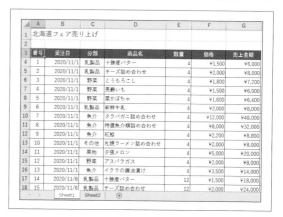

	A	B	C	D	E	F	G
1	北海道フェア売り上げ						
2							
3	番号	受注日	分類	商品名	数量	価格	売上金額
4	1	2020/11/1	乳製品	十勝産バター	4	¥1,500	¥6,000
5	2	2020/11/1	乳製品	チーズ詰め合わせ	4	¥2,000	¥8,000
6	3	2020/11/1	野菜	とうもろこし	4	¥1,800	¥7,200
7	4	2020/11/1	野菜	男爵いも	4	¥1,500	¥6,000
8	5	2020/11/1	野菜	栗かぼちゃ	4	¥1,600	¥6,400
9	6	2020/11/1	乳製品	新鮮牛乳	4	¥2,000	¥8,000
10	7	2020/11/1	魚介	タラバガニ詰め合わせ	4	¥12,000	¥48,000
11	8	2020/11/1	魚介	特選魚介類詰め合わせ	4	¥8,000	¥32,000
12	9	2020/11/1	魚介	紅鮭	4	¥2,200	¥8,800
13	10	2020/11/1	その他	札幌ラーメン詰め合わせ	4	¥2,000	¥8,000
14	11	2020/11/1	果物	夕張メロン	4	¥5,000	¥20,000
15	12	2020/11/1	野菜	アスパラガス	4	¥2,000	¥8,000
16	13	2020/11/1	魚介	イクラの醤油漬け	4	¥3,500	¥14,000
17	14	2020/11/6	乳製品	十勝産バター	12	¥1,500	¥18,000
18	15	2020/11/6	乳製品	チーズ詰め合わせ	12	¥2,000	¥24,000

Sheet1　Sheet2　⊕

解説 小計

小計機能を使うと、表のデータを項目ごとに分類して、小計を集計することができます。行を挿入して小計を関数で求めるよりも圧倒的に速く、瞬時に小計を求めることができます。

また、小計行を自分で追加した場合、データのみを再利用したいときには、追加した小計行を削除して元の表に戻さなくてはなりませんが、小計機能を使えばボタンひとつですぐに小計行を削除でき、簡単に元の表に戻すことができます。

操作手順 項目別に数量と金額の合計を求める

小計を求めるには、あらかじめ集計する項目をグループごとに並べ替えておく必要があります。表を［分類］別に並べ替え、さらに［商品名］別に並べ替えましょう。

1. **表内のセル**（ここではセル「C4」）をクリックします。

2. ［データ］タブ［並べ替えとフィルター］の［並べ替え］をクリックします。

［並べ替え］ダイアログボックスが表示されます。

3. ［**最優先されるキー**］の▼をクリックして［**分類**］を選択し、［**順序**］の▼をクリックして［**降順**］を選択します。

4. ［**レベルの追加**］ボタンをクリックし、［**次に優先されるキー**］で［**商品名**］を選択します。
［**順序**］は［**昇順**］にします。

5. ［**OK**］ボタンをクリックします。

表が［分類］ごとの［商品名］の昇順で並べ替わります。

項目ごとに集計するための準備ができました。
ここから［分類］ごとに集計を行います。

6. ［**データ**］タブ［**アウトライン**］の［**小計**］をクリックします。

[集計の設定] ダイアログボックスが表示されます。

7. [グループの基準] の▼をクリックし、[分類] を
   選択します。

8. [集計の方法] の▼をクリックし、[合計] を選択
   します。

▶ 集計の方法

集計の方法には、[合計] 以外にも [個数] や [平均]
などの種類があります。

9. [集計するフィールド] の [数量] と [売上金額]
   をチェックします。

▶ 集計結果の設定

[現在の小計をすべて置き換える] と [集計行をデータ
の下に挿入する] にチェックが入っていない場合は、
チェックします。

10. [OK] ボタンをクリックします。

[分類] ごとに集計行が追加され、数量と売上金額が
SUBTOTAL 関数で集計されます。

つぎに、[商品名] 別の集計行を追加します。

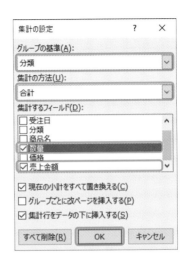

11. [データ] タブ [アウトライン] の [小計] をクリックします。

[集計の設定] ダイアログボックスが表示されます。

12. [グループの基準] で、[商品名] を選択します。

[集計するフィールド] は [数量] と [売上金額] にチェックが入っていることを確認します。

13. [現在の小計をすべて置き換える] のチェックをはずし、[OK] ボタンをクリックします。

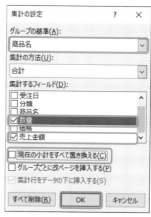

[分類] ごとの小計に加え、[商品名] ごとに数量と売上金額が集計されます。

[商品名] ごとの小計

[分類] ごとの小計

[現在の小計をすべて置き換える] をチェックしたまま集計すると、以前に設定しておいた小計の設定（ここでは「分類」ごとの小計）が削除され、新しく設定した小計（ここでは「商品名」ごとの小計）に置き換えられます。

解説 小計行だけを表示する

　小計機能を使って集計行を挿入すると、自動的にアウトラインが作成されます。アウトラインとは、ワークシートの行や列をグループ化して表示／非表示を切り替える機能です。アウトラインを使うと、クリックするだけで、表を折りたたんだり展開したりすることができるようになるため、大きな表を扱うときに便利です。

アウトライン記号

アウトライン記号の数字をクリックすると、そのレベルまでアウトラインが折りたたまれます。
一番大きな数字（ここでは [4]）をクリックすると、すべてのデータが表示されます。

	A	B	C	D
7	160	2020/11/22	野菜	男爵いも
8	173	2020/11/22	野菜	男爵いも
8	186	2020/11/22	野菜	男爵いも
8	199	2020/11/28	野菜	男爵いも
8	212	2020/11/28	野菜	男爵いも
8	225	2020/11/30	野菜	男爵いも
8	238	2020/11/30	野菜	男爵いも
8	251	2020/11/30	野菜	男爵いも
8				男爵いも 集計
8			野菜 集計	
8	2	2020/11/1	乳製品	チーズ詰め合わせ
9	15	2020/11/6	乳製品	チーズ詰め合わせ
9	28	2020/11/7	乳製品	チーズ詰め合わせ
9	41	2020/11/7	乳製品	チーズ詰め合わせ
9	54	2020/11/7	乳製品	チーズ詰め合わせ

アウトライン

操作手順　アウトラインを使用する

1. アウトライン記号の［3］をクリックします。

分類別、商品別の小計行と総計行が表示され、詳細
データは折りたたまれます。

つぎに、折りたたまれた詳細データを表示します。

2. アスパラガスの集計行の左にある［+］をクリックします。

折りたたまれていたアスパラガスの詳細データが展開
され、表示されます。

今度は表示したアスパラガスの詳細データを折りたた
みます。

3. アスパラガスの集計行の左にある［-］をクリックします。

アウトライン記号の［2］や［1］もクリックして、表示を確認しておきましょう。

表内のセルを選択した状態で、[データ] タブ [アウトライン] の [小計] をクリックし、[集計の設定] ダイアログボックスを表示します。
[集計の設定] ダイアログボックスの [すべて削除] ボタンをクリックすると、小計が解除されます。

1-5 集計結果だけを簡単にコピーする

可視セル 〈1_5〉

課題 小計行だけをコピーして別シートに貼り付ける

　この表は北海道フェアの売上データを分類別、商品別に小計機能を使って集計し、さらにアウトライン（31ページ参照）を使って小計行だけを表示したものです。

　表示されている小計行だけを「Sheet2」シートにコピーしてください。

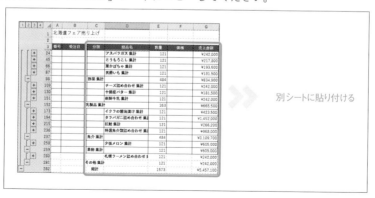

別シートに貼り付ける

小計行だけをコピーして別シートに貼り付ける

1. セル範囲「C3:G282」を選択します。

2. [Alt] + [;] (セミコロン) キーを押します。

可視セル (折りたたまれているセルを含まない見えているセル) だけが選択されます。

3. [ホーム] タブ [クリップボード] の [コピー] をクリックします。

4. ワークシートを別シート (「Sheet2」) に切り替え、セル「A1」を選択して、[貼り付け] をクリックします。

集計行のみが「Sheet2」にコピーされます。

集計行のみが「Sheet2」にコピーされます。

必要に応じて、列幅や罫線などの書式を修正したり、不要な項目を削除したりして表を修正します。

▶ 行や列を非表示にした場合のコピー

可視セルのコピーは、一時的に行や列を非表示にした場合でも利用できます。

	A	B	C	D
1	分類	商品名	数量	売上金額
2		アスパラガス	121	¥242,000
3		とうもろこし	121	¥217,800
4		栗かぼちゃ	121	¥193,600
5		男爵いも	121	¥181,500
6	野菜		484	¥834,900
7		チーズ詰め合わせ	121	¥242,000
8		十勝産バター	121	¥181,500
9		新鮮牛乳	121	¥242,000
10	乳製品		363	¥665,500
11		イクラの醤油漬け	121	¥423,500
12		タラバガニ詰め合わせ	121	¥1,452,000
13		紅鮭	121	¥266,200
14		特選魚介類詰め合わせ	121	¥968,000
15	魚介		484	¥3,109,700
16		夕張メロン	121	¥605,000
17	果物		121	¥605,000
18		札幌ラーメン詰め合わせ	121	¥242,000
19	その他		121	¥242,000
20	総計		1573	¥5,457,100

本章のまとめ

- オートカルク機能は、集計対象のセルを範囲選択するだけで、合計値や平均値などの集計結果をステータスバーに表示することができる機能です。
- オートカルク機能の初期設定では、ステータスバーに「平均」、「データの個数」、「合計」だけが表示されるようになっていますが、設定を変更することで、ほかにも「数値の個数」、「最小値」、「最大値」などを表示に加えることができます。
- 四半期、半期、年間の合計も、「オートSUM」ボタンひとつで集計することができます。
- クイック分析ツール機能のひとつに範囲選択したセルの「合計」、「平均」、「個数」、「構成比率」、「累計」などの集計値を隣接したセルに表示する機能があります。
- 小計機能を使うと、表のデータを項目ごとに分類して、小計を集計することができます。
- 小計機能を使って集計行を挿入すると、自動的にアウトラインが作成されます。
- アウトラインを使うと、クリックするだけで、表を折りたたんだり、展開したりすることができます。大きな表を扱うときには便利な機能です。
- 小計機能を使用して集計している場合、ボタンひとつですぐに小計行を削除でき、再び元の表に戻すことができます。
- 小計行だけを別の場所にコピーするには、可視セルのみを選択してコピーします。

第 2 章

複数シート・複数ブックの集計テクニック

2-1 形式が同じ複数の表を集計する

3-D 参照（串刺し集計）　　　　　　　　　　　　　　　　　　　　　　　　　　　　　〈2 1〉

課題 ▶ 1 都 6 県の人口の合計を求める

　この表は、関東の 1 都 6 県の人口を都県ごとにまとめた表です。ブックには茨城県、栃木県、群馬県、埼玉県、千葉県、東京都、神奈川県の 7 つのワークシートが含まれています。

　「茨城県」シートをコピーして、「関東」という名前のワークシートを作成し、1 都 6 県の人口の合計を集計してください。

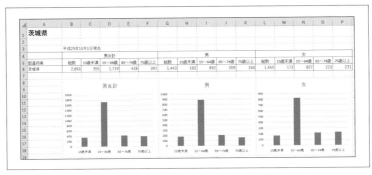

解説 3-D 参照

　Excel には、複数のワークシートを参照する 3-D 参照という機能があります。3-D 参照を利用すると、複数の
ワークシート上にある同じセルのデータを串刺しするように集計することができます。

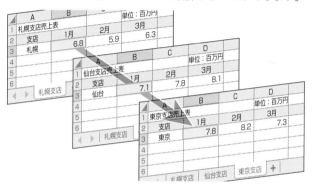

　複数のシート上にある同一セルの合計を集計するには SUM 関数と 3-D 参照を使います。SUM 関数の中で集計
の開始シート、終了シート、さらに、集計対象のセルをクリックするだけで複数シートの同じ位置にあるセルの集
計をすることができます。

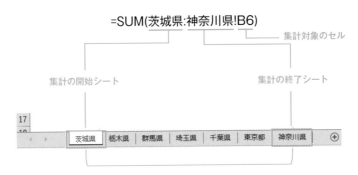

=SUM(茨城県:神奈川県!B6)

集計対象のセル

集計の開始シート　　　　　　　集計の終了シート

| 17 |
| 18 |

‹ › | 茨城県 | 栃木県 | 群馬県 | 埼玉県 | 千葉県 | 東京都 | 神奈川県 | ⊕

「茨城県」シートから「神奈川県」シートまでの
7つのシートのセル「B6」の値が合計される。

　SUM関数の他にも3-D参照が使える関数がいく
つかあります。

関数名	説明
SUM	合計を求める
AVERAGE	平均を求める
COUNT	数値の個数を求める
MAX	最大値を求める
MIN	最小値を求める
PRODUCT	積を求める
STDEV	標準偏差を求める

操作手順 1都6県の人口の合計を求める

最初に、「関東」という名前の集計用ワークシートを
作成します。

1. 「茨城県」シートのシート見出しの上で右クリックして、[移動またはコピー] をクリックします。

[シートの移動またはコピー] ダイアログボックスが
表示されます。

2. [コピーを作成する] をチェックし、[OK] ボタンをクリックします。

3. コピーされたシートのシート見出しの上でダブルクリックし、シート名を「関東」に変更します。

4. 「**関東**」シートのセル範囲「**B6:P6**」のデータを削除し、セル「**A1**」とセル「**A6**」を「**関東**」に変更します。

「茨城県」シートから「神奈川県」シートまでを串刺し集計する数式を作成します。

5. 「**関東**」シートのセル「**B6**」を選択し、[**ホーム**]タブ [**編集**] の [**Σ オート SUM**]（または [**Σ**]）をクリックします。

「=SUM()」と表示されます。

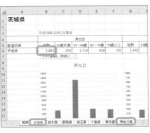

6. 「**茨城県**」シートをクリックし、Shift キーを押しながら、「**神奈川県**」シートをクリックします。

「茨城県」シートから「神奈川県」シートまで選択されます。

7. 最後にセル「**B6**」をクリックして Enter キーを押します。

「関東」シートに表示が戻り、セル「B6」に、串刺し集計された合計値「43,250」が表示されます。

フィルハンドル

8. 「**関東**」シートのセル「**B6**」のフィルハンドルを右にドラッグして、セル範囲「**C6:P6**」にコピーします。

茨城県、栃木県、群馬県、埼玉県、千葉県、東京都、神奈川県の 7 つのワークシートのセル「C6」、「D6」、・・「P6」をそれぞれ串刺し集計した合計値が表示されます。

● ワークシート数が多い場合は数式を入力したほうが簡単

集計対象となるワークシートの数が多くなってくると、集計の開始シートと終了シートをマウス操作で指定するのは大変です。そのような場合は、数式を直接入力しましょう。

=SUM(集計の開始シート名 : 集計の終了シート名 ! 集計対象のセル)

例：茨城県から神奈川県までのシートのセル「A6」を集計する
　　=SUM(茨城県 : 神奈川県 !A6)

Column　別のブックに保存されているシートをひとつのブックにまとめる

　集計したいシートが別のブックに分かれて保存されている場合は、串刺し集計することができません。このような場合は、集計で使用するシートを、集計用のブックにコピーまたは移動し、ひとつにまとめてから集計します。

　Excel では、シートのコピーや移動を簡単に行うことができますが、コピー先や移動先が別のブックや新しいブックでも指定することができます。この機能を利用すると、異なるブックに保存されているシートを 1 つのブックにまとめることができます。

2-2 項目や形式の異なる複数の表を集計する

統合 〈2_2〉

課題 ▶ 項目数が異なる表の合計を求める

　このデータは、あるリフォーム会社の受注件数をまとめたものです。ブックには「2018年」、「2019年」、「2020年」のシートがあり、各年度の工事内容別、店舗別の受注件数が入力されています。年によって、店舗が増えたり、工事内容が増減したりしているため、各年の表の項目は微妙に異なります。

　2018年〜2020年までの表を集計して、3年間の工事内容別、店舗別の受注件数合計を「合計」シートに作成してください。

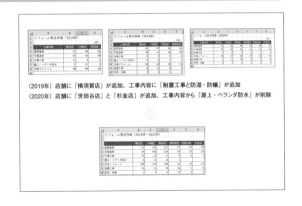

（2019年）店舗に「横須賀店」が追加、工事内容に「耐震工事と防湿・防蟻」が追加
（2020年）店舗に「世田谷店」と「杉並店」が追加、工事内容から「屋上・ベランダ防水」が削除

解説 統合

統合機能は、項目が異なる複数の表を集計したいときに使用すると便利な機能です。列見出しや行見出しから同じ項目を Excel が判断して、集計してくれます。列見出しや行見出しで判断するため、集計する表の列見出しや行見出しの数が同じである必要はなく、また列見出しや行見出しの並び順が異なっていても集計をすることができます。

集計方法は「合計」だけでなく、「平均」、「個数」、「最大値」、「最小値」など、いろいろな方法で集計することができます。

（項目の並び順・異なる項目がある2つの表）

	12月	1月
A	20,000	40,000
B	10,000	30,000
C	50,000	30,000

	1月	2月
C	20,000	40,000
B	10,000	30,000
D	50,000	30,000

（同じ項目どうしを合計し、ひとつの表にまとめる）

	12月	1月	2月
A	20,000	40,000	
B	10,000	40,000	30,000
C	50,000	50,000	40,000
D		50,000	30,000

操作手順 項目数が異なる表の合計を求める

集計表を作成する位置を指定してから操作します。

1. 「合計」シートのセル「A3」をクリックします。

	A	B	C	D	E
1	リフォーム受注件数（2018年〜2020年）				
2					
3					
4					
5					

2. ［データ］タブ［データツール］の［統合］をク
   リックします。

［統合の設定］ダイアログボックスが表示されます。
3. ［集計の方法］の▼をクリックし、［合計］を選択
   します。
4. ［統合元範囲］の 🛈 をクリックします。

［統合の設定 - 統合元範囲］ボックスが表示されます。
5. 「2018年」シートを表示し、セル範囲「A3:D8」
   を選択して、 Enter キーを押します。

［統合の設定］ダイアログボックスに表示が戻り、［統
合元範囲］に選択したセル範囲が表示されます。
6. ［追加］ボタンをクリックします。

［統合元］の欄に統合元範囲として選択したセル範囲
が追加されます。

7. 同様の操作で、［統合元］に「2019 年」シートの
　　セル範囲「A3:E10」および「2020 年」シートの
　　セル範囲「A3:G9」を追加します。
8. ［統合の基準］の［上端行］および［左端列］を
　　チェックして、［OK］ボタンをクリックします。

最初に統合先として指定した「合計」シートのセル
「A3」に統合された表が作成されます。

9. 最後に表の書式を整えます。

ここでは、列幅と罫線の設定、項目名のセルに塗りつ
ぶしの設定をしています。

　［統合の設定］ダイアログボックスで［上端行］がチェックされた場合は、上端行を列見出しとして Excel が自動的に列見出しごとにデータを集計して表を統合します。したがって、つぎの例のように、統合元の各表の列の位置が異なる場合も列見出しごとに正しくデータが集計されます。［上端行］がチェックされていない場合は、串刺し集計と同じように、同じ位置にあるセルのデータが集計されます。

工事内容	横浜店	川崎店	町田店
屋根塗装	24	36	24
外壁塗装	24	60	48
外構工事	12	3	2
屋上・ベランダ防水	2	12	3
内装リフォーム	36	60	24

＋

工事内容	町田店	横須賀店	横浜店	川崎店
屋根塗装	44	25	40	67
外壁塗装	38	18	32	44
外構工事	9	2	8	3
屋上・ベランダ防水	5	1	4	9
内装リフォーム	39	19	36	40
耐震工事	9	7	6	12
防湿・防蟻	2	5	4	3

［上端行］チェックあり

	横須賀店	横浜店	川崎店	町田店
屋根塗装	25	64	103	68
外壁塗装	18	56	104	86
外構工事	2	20	6	11
屋上・ベランダ防水	1	6	21	8
内装リフォーム	19	72	100	63
耐震工事	7	6	12	9
防湿・防蟻	5	4	3	2

統合元の列の並びがバラバラでも、横須賀店、横浜店、川崎店、町田店の店ごとに集計されます。

［上端行］チェックなし

工事内容				
屋根塗装	68	61	64	67
外壁塗装	62	78	80	44
外構工事	21	5	10	3
屋上・ベランダ防水	7	13	7	9
内装リフォーム	75	79	60	40
耐震工事	9	7	6	12
防湿・防蟻	2	5	4	3

単純に同じ位置にあるセルの値が串刺し集計されます。上端行の列見出しは空欄になります。

　同じように［左端列］がチェックされた場合は、左端列を行見出しとして見出し項目ごとにデータが集計されます。

2-3 別々のブックに保存されている複数の 表をひとつにまとめる

課題 ▶ 3つのブックの売上データを統合する

このデータはある百貨店の10月から12月までの北海道フェアの売上データです。

3つのブックに保存されている売上データをひとつにまとめて、商品別に［数量］、［売上金額］を集計した表を作成してください（ここではサンプルデータを用いて解説します）。

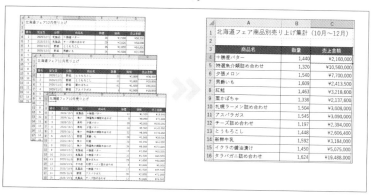

操作手順 3つのブックの売上データを統合する

あらかじめ「2_3.xlsx」および「10月売上.xlsx」、「11月売上.xlsx」、「12月売上.xlsx」を開いておきます。

集計したい項目（ここでは、「商品名」「数量」「売上金額」）を入力します。

1. 「2_3.xlsx」の「合計」シートのセル「A3」に「商品名」、セル「B3」に「数量」、セル「C3」に「売上金額」と入力します。

2. セル範囲「A3:C3」を選択し、[データ] タブ [データツール] の [統合] をクリックします。

▶ **統合先に表示する列見出しを指定する**

統合先に表示する列見出しや行見出しを指定したい、見出しの並び順を固定したいという場合は、あらかじめ統合先に列見出しや行見出しを入力し、それらを範囲指定した後に [統合] 機能を実行します。

［統合の設定］ダイアログボックスが表示されます。

3. ［**集計の方法**］の▼をクリックし、［**合計**］を選択します。

4. ［**統合元範囲**］の ⬆ をクリックします。

［統合の設定 - 統合元範囲］ボックスが表示されます。

5. ［**表示**］タブ［**ウィンドウ**］の［**ウィンドウの切り替え**］をクリックし、「**10 月売上 .xlsx**」を選択します。

「10 月売上 .xlsx」が表示されます。

6. 「**10 月**」シートのセル「**D3**」をクリックし、Ctrl + Shift + End キーを押します。

セル「D3：G231」が選択されます。

▶ **左端が［商品名］の列になるよう範囲選択する**

統合の基準として指定できるのは上端と左端だけなので、商品別に集計する場合は、左端が［商品名］の列になるように範囲選択します。

7. ［統合の設定 - 統合元範囲］ボックスの  をク
   リックします。

［統合の設定］ダイアログボックスに表示が戻り、［統
合元範囲］に選択したセル範囲「D3:G231」が表示さ
れます。

8. ［追加］ボタンをクリックして、［統合元］のボッ
   クスに統合元範囲を追加します。

つぎの表を統合元に追加します。

9. ［統合元範囲］の  をクリックします。

10. 「10 月売上 .xlsx」の売上表を追加した操作と同
    様の操作で、「11 月売上 .xlsx」および「12 月売
    上 .xlsx」の売上表を［統合元］に追加します。

11. ［結合の基準］の［上端行］および［左端列］を
    チェックし、［OK］ボタンをクリックします。

「1_2_3.xlsx」の「合計」シートに、商品名別に集計
された売上表が表示されます。

	A	B	C
1	北海道フェア商品別売り上げ集計（10月～12月）		
2			
3	商品名	数量	売上金額
4	十勝産バター	1440	¥2,160,000
5	特選魚介類詰め合わせ	1320	¥10,560,000
6	夕張メロン	1540	¥7,700,000
7	男爵いも	1609	¥2,413,500
8	紅鮭	1463	¥3,218,600
9	栗かぼちゃ	1336	¥2,137,600
10	札幌ラーメン詰め合わせ	1504	¥3,008,000
11	アスパラガス	1545	¥3,090,000
12	チーズ詰め合わせ	1197	¥2,394,000
13	とうもろこし	1448	¥2,606,400
14	新鮮牛乳	1592	¥3,184,000
15	イクラの醤油漬け	1450	¥5,075,000
16	タラバガニ詰め合わせ	1624	¥19,488,000

▶［統合の設定］ダイアログボックスで統合元を削除する

［統合の設定］ダイアログボックスで、前に設定した統合元が残っている場合は、不要な統合元を削除してから設定して
ください。

1. 削除する統合元範囲を選択する
2. ［削除］ボタンをクリックする

本章のまとめ

● 形式が同じ表（同じ位置のセルに同じ種類のデータが入力されている表）を集計する場合は、3-D 参照を利用した串刺し集計が便利です。

● 統合機能を使用すると、列見出しや行見出しから同じ項目を Excel が判断して集計するため、形式が異なる複数の表を集計することができます。

● 統合先に表示する列見出しや行見出しを指定したり、見出しの並び順を固定したりするには、あらかじめ統合先に列見出しや行見出しを入力し、それらを範囲指定した後に統合機能を実行します。

● 統合機能を使用する際に、統合の基準がチェックされていない場合は、串刺し集計と同じように、同じ位置にあるセルのデータが集計されます。

● 統合機能を使用すると、別のブックに保存されている表も統合することができます。

● 単体の表の集計にも統合機能を利用することができます。項目ごとの集計結果を別の場所に出力して表を作成できます。

第 **3** 章

データ抽出の瞬速テクニック

3-1 複数の条件を指定して抽出する

〈3_1〉

📖 オートフィルター

課題 ▶ 複数の条件を指定して抽出する

　サンプルデータは10月から12月に実施した北海道フェアの3か月分の売上データです。

　データから以下の3つの条件に一致するデータを右の表のように抽出してください。

● 11月の売上データである

● 商品名に「詰め合わせ」が含まれる

● 売上金額が300,000円以上である

解説 オートフィルター

オートフィルター機能を使用すると大量のデータの中から、条件に当てはまるデータだけを抽出することができます。

オートフィルターを設定すると、列見出しに ▼ [フィルター] ボタンが表示されます。データを抽出する場合は、この [フィルター] ボタンをクリックして条件を指定します。

条件の指定は、セルの値が文字列の場合、文字列が完全に一致する値を指定したり、文字列の一部が一致する値を指定したりすることができます。またセルの値が数値の場合は、「〜以上」や「〜より大きい」などの指定ができ、比較演算子などを使った式を入力しなくてもデータの抽出が可能です。

操作手順 複数の条件を指定して抽出する

1. **表の中の任意のセルを選択して、[データ] タブ [並べ替えとフィルター] の [フィルター] をクリックします。**

列見出しに [フィルター] ボタンが表示されます。

2. **[受注日] の [フィルター] ボタンをクリックし、[すべて選択] のチェックボックスをクリックして、チェックをはずします。**

[フィルター] ボタン

3. ［11月］のチェックボックスをクリックしてチェックし、［OK］ボタンをクリックします。

［受注日］が11月の売上データだけが抽出されます。

4. ［商品名］の［フィルター］ボタンをクリックし、［テキストフィルター］－［指定の値を含む］をクリックします。

［オートフィルターオプション］（または［カスタムオートフィルター］）ダイアログボックスが表示されます。

5. ［商品名］のボックスに「詰め合わせ」と入力し、［OK］ボタンをクリックします。

※［カスタムオートフィルター］ダイアログボックスの場合はボックスの表示順序が異なります。

さらに商品名に「詰め合わせ」を含む商品だけに絞り
込まれます。

**6. ［売上金額］の［フィルター］ボタンをクリックし、
［数値フィルター］－［指定の値以上］をクリッ
クします。**

［オートフィルターオプション］（または［カスタムオー
トフィルター］）ダイアログボックスが表示されます。

**7. ［売上金額］のボックスに「300000」と入力し、
［OK］ボタンをクリックします。**

つぎの条件に一致した売上データが抽出されます。
・11 月に受注した各種「詰め合わせ」セットのうち売
上金額が「300,000 円以上」のデータ

複雑な条件でデータを抽出する

 フィルターオプション 〈3 2〉

課題 ▶ 複雑な条件でのデータ抽出

サンプルデータからフィルターオプションを使って、つぎのデータを抽出してください。

● 北海道フェアの売上データから、11月15日から12月15日の期間に受注した夕張メロンのうち売上金額が200,000円以上の注文データと、同期間中に受注した各種「詰め合わせ」セットのうち売上金額が400,000円以上の注文データ

フィルターオプション

　フィルター機能には、3-1で学習したオートフィルター機能のほかに、フィルターオプションという機能があります。フィルターオプションでは、シート上の任意の位置に検索条件を入力し、入力した検索条件にしたがってデータを抽出します。検索条件がセルに入

力されているため、どのような条件でデータ抽出されているか、すぐに確認できるうえ、検索条件の変更もセル内の値を修正するだけです。

　また、ワイルドカード「*（アスタリスク）」や比較演算子「<=」などを使用して検索条件を指定することもできます。

　検索条件では、1行めに抽出の対象となる列見出しを入力し、下の行に条件式を入力します。

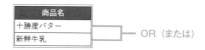

　条件式に文字列のみを入力した場合は、入力した文字列で始まる値が検索されます。条件式はいくつでも縦に並べて入力することができます。

　縦に並べた検索条件は、「OR（または）」条件で抽出されます。

　上の例では、[商品名]が「十勝産バター」または「新鮮牛乳」のデータが抽出されます。

　また、検索条件には複数の列を横に並べて指定することができます。

　横に並べた検索条件は、「AND（かつ）」条件で抽出されます。

上の例では、[商品名] が「十勝産バター」でかつ [売上金額] が「10,000円以下」のデータが抽出されます。

商品名	売上金額
十勝産バター	<=10000

AND（かつ）

　縦横の検索条件を組み合わせることで、複雑な条件でのデータ抽出を行うことができます。

商品名	売上金額	数量
十勝産バター	<=10000	
新鮮牛乳		<10

　上の例では、『[商品名] が「十勝産バター」で [売上金額] が「10,000円以下」のデータ』または、『[商品名] が「新鮮牛乳」で [数量] が「10未満」のデータ』が抽出されます。

　また、この条件に「11月の受注データ」という条件を加える場合は、つぎのようになります。

商品名	売上金額	数量	受注日	受注日
十勝産バター	<=10000		>=2020/11/1	<=2020/11/30
新鮮牛乳		<10	>=2020/11/1	<=2020/11/30

　[受注日] の列見出しを2つ作成し、受注の開始日として「>=2020/11/1」、受注の終了日として「<=2020/11/30」を入力します。横に並べることでAND（かつ）の条件となるため、11月の受注を表します。

　この例では『11月の受注データの中から [商品名] が「十勝産バター」で [売上金額] が「10,000円以下」のデータ』または『11月の受注データの中から [商品名] が「新鮮牛乳」で [数量] が「10未満」のデータ』が抽出されます。

操作手順 複雑な条件でのデータ抽出

最初に、［商品名］が「夕張メロン」または、［商品
名］に「詰め合わせ」の文字列を含む商品を抽出する
ための検索条件を入力します。

1. セル「D7」の「商品名」の列見出しをコピーして、セル「D1」に貼り付けます。

▶ 検索条件の項目は表の列見出しをコピーする

検索条件の項目を間違って入力するとデータが正しく
抽出できません。入力ミスを防ぐため、表の列見出し
をコピーしましょう。

2. セル「D2」に「夕張メロン」、セル「D3」に「*詰め合わせ」と入力します。

▶ ワイルドカードについて

セル「D3」に入力した「*」（アスタリスク）はワイル
ドカードと呼ばれる任意の文字列を表す記号です（66
ページ Column 参照）。
ここでは「詰め合わせ」の文字列は商品名の最後にあ
るため「*」は文字列の最初に入力します。

つぎに［売上金額］の条件を入力します。

3. セル「G7」の［売上金額］の列見出しをセル「E1」にコピーします。

4. セル「E2」に「>=200000」、セル「E3」に「>=400000」と入力します。

数字、* や比較演算子は半角で入力します。

最後に［受注日］の検索条件を入力します。

5. セル「B7」の［受注日］の列見出しをセル「F1」とセル「G1」にコピーします。

6. セル「F2」とセル「F3」にそれぞれ「>=2020/11/15」、セル「G2」とセル「G3」に「<=2020/12/15」と入力します。

これで検索条件の入力は完了しました。
フィルターオプションを使って、データを抽出します。

7. 集計対象の表の任意のセルを選択し、［データ］タブ［並べ替えとフィルター］の［詳細設定］をクリックします。

［フィルターオプションの設定］ダイアログボックスが表示されます。
［リスト範囲］のボックスには集計対象の表の範囲が自動的に入力されます。

8. ［検索条件範囲］のボックスをクリックし、セル範囲「D1:G3」を選択します。

9. ［フィルターオプションの設定］ダイアログボックスの［検索条件範囲］に選択範囲が表示されたら、［OK］ボタンをクリックします。

入力した検索条件に一致したデータが抽出されます。

▶ フィルターの解除

フィルターを解除して、表示を元に戻すには、［データ］タブ［並べ替えとフィルター］の［クリア］をクリックします。

文字列の検索条件にはワイルドカードを使用することができます。

ワイルドカードには、「＊」（アスタリスク）のほかに「？」（クエスチョンマーク）があります。それぞれの意味と使用方法を確認しておきましょう。

ワイルドカード	意味
「＊」（アスタリスク）	任意の文字列
「？」（クエスチョンマーク）	任意の1文字

（使用例）

＊山＊　　「山」を含む文字列（山、山田、山歩き、富士山、山口県）

山＊　　　「山」で始まる文字列（山、山田、山歩き）

＊山　　　「山」で終わる文字列（富士山）

山？　　　「山」で始まる2文字の文字列（山田）

山？？　　「山」で始まる3文字の文字列（山歩き、山口県）

検索条件で使用する比較演算子

検索条件で使用する「<=」や「<」などの記号を比較演算子と呼びます。検索条件で使用できる比較演算子には、つぎのものがあります。

演算子	例	解説
=	= A	Aの値と等しい
<>	<> A	Aの値と等しくない
>	> A	Aの値よりも大きい
<	< A	Aの値よりも小さい
>=	>= A	Aの値以上
<=	<= A	Aの値以下

※条件を入力する際にワイルドカードや比較演算子は半角で入力します。

3-3 テーブルのスライサー機能を利用してデータを抽出する

テーブルのスライサー 〈3_3〉

課題 ▶ テーブルのスライサーを利用したデータ抽出

　この表は首都圏に 10 店舗展開しているお茶の専門店の売上データです。

　つぎの①〜③の売上データを抽出し、抽出したデータの金額の合計を求めてください。

- ①「新宿店」「ジャスミン茶」
- ②「川崎店」「ほうじ茶」
- ③「大宮店」「アッサム」

テーブルのスライサー

表をテーブルに変換すると、スライサー機能を利用することができます。

テーブルにスライサーを挿入すると、スライサーの中で項目を選択するだけで、該当のデータを抽出することができます。

スライサーで選択した「新宿店」の「ジャスミン茶」
の売上データだけが抽出される

▶ 表をテーブルに変換すると

表をテーブルに変換すると、自動的に表の書式を設定したり、[フィルター] ボタンを使用してデータを抽出したり、数式を入力しなくても集計行を追加して合計や平均などを集計したりすることができるようになります。

操作手順 テーブルのスライサーを利用したデータ抽出

表をテーブルに変換します。

1. 「注文データ」シートの表内をクリックして、［挿入］タブ［テーブル］の［テーブル］をクリックします。

［テーブルの作成］ダイアログボックスが表示されます。

2. ［先頭行をテーブルの見出しとして使用する］をチェックし、［OK］ボタンをクリックします。

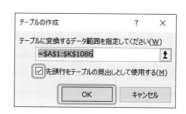

表がテーブルに変換されます。

スライサーを挿入します。

3. ［テーブルツール］［テーブルデザイン］タブ（または［テーブルデザイン］タブ）［ツール］の［スライサーの挿入］をクリックします。

［スライサーの挿入］ダイアログボックスが表示され
ます。

4. ［店舗名］と［商品名］をチェックし、［OK］ボ
　　タンをクリックします。

シート上に［店舗名］と［商品名］のスライサーが挿
入されます。

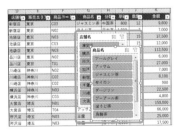

ドラッグして、スライサーの位置や大きさを調整しま
す。

5. ［店舗名］のスライサーで［新宿店］をクリックし、［商品名］のスライサーで［ジャスミン茶］をクリックします。

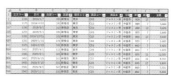

「新宿店」の「ジャスミン茶」の売上データだけが抽出されます。

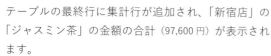

テーブルに集計行を追加します。

6. テーブル内の任意のセルをクリックし、［テーブルツール］［テーブルデザイン］タブ（または［テーブルデザイン］タブ）［テーブルスタイルのオプション］の［集計行］をチェックします。

テーブルの最終行に集計行が追加され、「新宿店」の「ジャスミン茶」の金額の合計（97,600円）が表示されます。

▶ 条件の変更

条件を変更する場合は、スライサーで該当する項目をクリックします。
課題②「川崎店」の「ほうじ茶」の場合は、[店舗名] のスライサーで [川崎店] をクリックし、[商品名] のスライサーで [ほうじ茶] をクリックします（金額の合計：148,000 円）。
課題③「大宮店」の「アッサム」の場合は、[店舗名] のスライサーで [大宮店] をクリックし、[商品名] のスライサーで [アッサム] をクリックします（金額の合計：624,800 円）。

▶ 集計行に表示されるオプションボタンについて

集計行のセルをクリックするとオプションボタンが表示されます。このオプションボタンから「合計」や「平均」、「個数」などの集計方法を選択して、フィールドを集計することができます。

3-4 | 重複データを抽出する

 条件付き書式、オートフィルター ⟨3_4⟩

課題 ▶ 重複データを抽出して削除する

　セミナーの参加申し込みデータから、氏名とふりがなが重複しているデータを抽出して、重複したデータを削除してください。

	A	B	C	D
1	申込日	氏名	ふりがな	流入元
2	2020/6/10	村上美子	むらかみよしこ	雑誌
3	2020/6/10	斎藤学	さいとうまなぶ	SNS
4	2020/6/10	金子修一	かねこしゅういち	Web
5	2020/6/13	百瀬まり	ももせまり	Web
6	2020/6/15	佐々木潮	ささきうしお	SNS
7	2020/6/16	福田英二郎	ふくだえいいちろう	Web
8	2020/6/16	堀久実	ほりくみ	SNS
9	2020/6/19	森本昇	もりもとのぼる	Web
10	2020/6/19	村上春樹	むらかみはるき	雑誌
11	2020/6/19	鈴木雪	すずきゆき	雑誌
12	2020/6/20	森本正之	ももともまさゆき	Web
13	2020/6/20	金子忠一	かなこちゅういち	SNS

条件付き書式と色フィルター

　条件付き書式を使用すると、重複する値を強調表示することができます。これと合わせて、オートフィルターの「色フィルター」を利用すると、条件付き書式で強調表示した重複データを簡単に抽出できます。

　抽出した重複データを修正してデータの重複がなくなると、条件付き書式の強調表示も自動的に解除されます。この方法は重複データの抽出方法としてよく使われる機能なので、業務で活用できるように覚えておきましょう。

操作手順 重複データを抽出して削除する

　ここでは、[氏名] と [ふりがな] のデータの中に重複がないか調べます。

1. **セル範囲「B2:C22」を選択します**（サンプルデータは〈3_4a〉）。

	A	B	C	D
1	申込日	氏名	ふりがな	流入元
2	2020/6/16	村上美子	むらかみよしこ	雑誌
3	2020/6/16	斎藤学	さいとうまなぶ	SNS
4	2020/6/16	金子修一	かねこしゅういち	Web
5	2020/6/17	高瀬まり	たかせまり	Web
6	2020/6/18	佐々木潮	ささきうしお	SNS
7	2020/6/18	福田英二郎	ふくだえいいちろう	Web
8	2020/6/18	堀久実	ほりくみ	SNS
9	2020/6/19	森本昇	もりもとしょう	Web
10	2020/6/19	村上春樹	むらかみはるき	雑誌
11	2020/6/19	鈴木雪	すずきゆき	雑誌
12	2020/6/20	森本正之	もりもとまさゆき	Web
13	2020/6/20	金子忠一	かなこちゅういち	SNS
14	2020/6/21	田代雅司	たしろまさし	SNS
15	2020/6/21	藤井隆	ふじいたかし	SNS
16	2020/6/16	村上美子	むらかみよしこ	雑誌
17	2020/6/21	田代修一	たしろしゅういち	SNS
18	2020/6/21	森本浩	もりもとひろし	Web
19	2020/6/19	森本昇	もりもとのぼる	Web
20	2020/6/22	松崎誠	まつざきまこと	SNS
21	2020/6/22	下村繁春	しもむらしげはる	雑誌
22	2020/6/22	藤原彰男	ふじわらあきお	Web

2. ［ホーム］タブ［スタイル］の［条件付き書式］
   をクリックし、［セルの強調表示ルール］－［重
   複する値］をクリックします。

［重複する値］ダイアログボックスが表示されます。

3. ［OK］ボタンをクリックします。

同じ列の中で重複した値をもつセルに［濃い赤の文字、
明るい赤の背景］の書式が設定されます。

▶ ふりがなが異なるため重複ではない

「森本昇」のふりがなは「もりもとしょう」と「もりも
とのぼる」となっており、異なっています。
ここでは、2人の「森本昇」は同姓同名の別人と判断し、
重複なしとして処理することにします。

	A	B	C	D
1	申込日	氏名	ふりがな	流入元
2	2020/6/10	村上美子	むらかみよしこ	雑誌
3	2020/6/10	斎藤学	さいとうまなぶ	SNS
4	2020/6/10	金子修一	かねこしゅういち	Web
5	2020/6/10	百瀬まり	ももせまり	Web
6	2020/6/15	佐々木潮	ささきうしお	SNS
7	2020/6/16	福田英二郎	ふくだえいじろう	Web
8	2020/6/16	堀久美	ほりくみ	SNS
9	2020/6/19	森本昇	もりもとしょう	Web
10	2020/6/19	村上春樹	むらかみはるき	雑誌
11	2020/6/19	鈴木雪	すずきゆき	雑誌
13	2020/ 氏名の漢字は同じだが、ふりが			
14	2020/ なが異なるため重複ではない			
15	2020/			
16	2020/6/21	村上美子	むらかみよしこ	雑誌
17	2020/6/21	田代修一	たしろしゅういち	SNS
18	2020/6/21	森志美	もりひとみ	Web
19	2020/6/22	森本昇	もりもとのぼる	Web
20	2020/6/22	松崎誠	まつざきまこと	SNS
21	2020/6/22	下村繁春	しもむらしげはる	雑誌
22	2020/6/23	藤原彰男	ふじわらあきお	Web

重複データ（条件付き書式で強調表示されたデータ）を抽出します。

4. 表の中の任意のセルを選択し、[データ] タブ [並べ替えとフィルター] の [フィルター] をクリックします。

列見出しに [フィルター] ボタンが表示されます。

5. [氏名] の [フィルター] ボタンをクリックし、[色フィルター] － [セルの色でフィルター] の薄い赤の塗りつぶしをクリックします。

[氏名] が重複している行が抽出されます。

6. [ふりがな] の [フィルター] ボタンをクリックして、同様の操作をします。

[氏名] と [ふりがな] が両方とも重複しているデータが抽出されます。

重複している行を削除します。

7. 重複しているいずれかの行を選択し、[ホーム] タブ [セル] の [セルの削除] の上部（または左部）をクリックします。

重複がなくなり、条件付き書式の強調表示が自動的に
解除されます。

8. [データ] タブ [並べ替えとフィルター] の [フィルター] をクリックし、フィルターの設定を解除します。

▶ 重複データを確認・修正する

重複データを残しておきたい場合は、シートをコピー
するか、重複データをコピーして別のシートに貼り付
けておきましょう。

重複データを抽出できたら、内容を確認し修正が必要
なデータは修正します。修正してデータが重複しなく
なると、条件付き書式の強調表示は自動的に解除され
ます。

▶ 条件付きの書式の設定を削除する

シートに設定したすべての条件付き書式を削除する場合
は、[ホーム] タブ [スタイル] の [条件付き書式] を
クリックし、[ルールのクリア] - [シート全体からルー
ルをクリア] を
クリックします。
[選択したセルか
らルールをクリ
ア] をクリック
すると、選択中
のセルに設定し
た条件付き書式
だけを削除する
ことができます。

重複データを一括削除する

　データが大きくなると、重複を確認した後に手動で削除する方法では処理しきれない場合があります。不要な重複データをまとめて一括削除する方法についても学んでおきましょう。

　ここでは、［氏名］と［ふりがな］がどちらも重複しているデータを一括削除します。重複データを削除する前に元のデータを残しておきたい場合は、シートをコピーするなどして、バックアップをとっておいてください。

	A	B	C	D
1	申込日	氏名	ふりがな	流入元
2	2020/6/10	村上美子	むらかみよしこ	雑誌
3	2020/6/10	斎藤学	さいとうまなぶ	SNS
4	2020/6/10	金子修一	かねこしゅういち	Web
5	2020/6/13	百瀬まり	ももせまり	Web
6	2020/6/15	佐々木瀬	ささきうしお	SNS
7	2020/6/16	福田菊二郎	ふくだえいいちろう	Web
8	2020/6/16	堀久実	ほりくみ	SNS
9	2020/6/19	森本昇	もりもとしょう	Web

　※サンプルデータでは、重複データの削除結果をわかりやすくするため、あらかじめ条件付き書式を設定して重複する値を強調表示しています。

1. 表内のセルを選択し、［データ］タブ［データツール］の［重複の削除］をクリックします（サンプルデータは〈3_4b〉）。

［重複の削除］ダイアログボックスが表示されます。

重複の確認が必要な項目のみを選択します。

2. ［申込日］と［流入元］のチェックをはずして、

［OK］ボタンをクリックします。

確認のダイアログボックスが表示されます。

3.［OK］ボタンをクリックします。

重複していた「村上美子」の行のうち、下の行が削除
されて、データに重複がなくなりました。

▶ 重複データを一括削除した場合

重複データを一括削除した場合、重複しているデータ
のうち、下の行にあるデータが常に削除されます。
残しておきたい行がある場合は、条件付き書式とオー
トフィルターを使用して重複データを確認し、残して
おきたい行が重複している行より上にくるように行を
移動しておきましょう。

	A	B	C	D
1	申込日	氏名	ふりがな	流入元
2	2020/6/10	村上美子	むらかみよしこ	雑誌
3	2020/6/10	斎藤学	さいとうまなぶ	SNS
4	2020/6/10	金子修一	かねこしゅういち	Web
5	2020/6/13	百瀬まり	ももせまり	Web
6	2020/6/15	佐々木朝	ささきうしお	SNS
7	2020/6/16	福田英二郎	ふくだえいいちろう	Web
8	2020/6/16	堀久実	ほりくみ	SNS
9	2020/6/19	森本昇	もりもとしょう	雑誌
10	2020/6/19	村上春樹	むらかみはるき	雑誌
11	2020/6/19	鈴木雪	すずきゆき	雑誌
12	2020/6/20	森本正之	もりもとまさゆき	Web
13	2020/6/20	金子忠一	かなこちゅういち	SNS
14	2020/6/21	田代雅司	たしろまさし	SNS
15	2020/6/21	藤井隆	ふじいたかし	SNS
16	2020/6/21	田代修一	たしろしゅういち	SNS
17	2020/6/21	森本浩	もりもとひろし	Web
18	2020/6/21	森本昇	もりもとのぼる	Web
19	2020/6/22	松崎誠	まつざきまこと	SNS
20	2020/6/22	下村繁春	しもむらしげはる	雑誌
21	2020/6/23	藤原彰男	ふじわらあきお	Web

3-5 2つの表を比較して重複データを抽出する

フィルターオプション 〈3_5〉

課題 ▶ 2つの表を比較して重複データを抽出する

Web申し込みの表と電話申し込みの表を比較して、氏名と電話番号がともに重複しているデータをつぎのように
にセル「G3」に抽出してください。

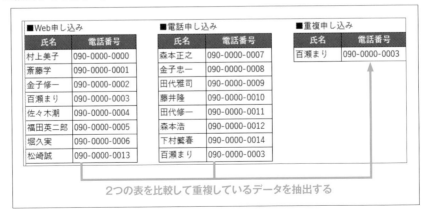

■Web申し込み

氏名	電話番号
村上美子	090-0000-0000
斎藤学	090-0000-0001
金子修一	090-0000-0002
百瀬まり	090-0000-0003
佐々木潮	090-0000-0004
福田英二郎	090-0000-0005
堀久実	090-0000-0006
松崎誠	090-0000-0013

■電話申し込み

氏名	電話番号
森本正之	090-0000-0007
金子忠一	090-0000-0008
田代雅司	090-0000-0009
藤井隆	090-0000-0010
田代修一	090-0000-0011
森本浩	090-0000-0012
下村繁春	090-0000-0014
百瀬まり	090-0000-0003

■重複申し込み

氏名	電話番号
百瀬まり	090-0000-0003

2つの表を比較して重複しているデータを抽出する

操作手順 2 つの表を比較して重複データを抽出する

1. 「Web 申し込み」の表の中のセルを選択し、［データ］タブ［並べ替えとフィルター］の［詳細設定］をクリックします。

［フィルターオプションの設定］ダイアログボックスが表示されます。

2. ［抽出先］で［指定した範囲］を選択します。
3. ［リスト範囲］のボックスを選択し、「Web 申し込み」の表のセル範囲「A3:B11」をドラッグします。
4. ［検索条件範囲］のボックスを選択し、「電話申し込み」の表のセル範囲「D3:E11」をドラッグします。
5. ［抽出範囲］のボックスを選択し、セル「G3」をクリックします。
6. ［OK］ボタンをクリックします。

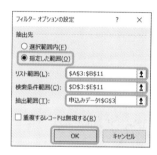

Web 申し込みの表と電話申し込みの表より、氏名と電話番号がともに重複しているデータが 1 件抽出されます。

▶ 別のブック（または別シート）の表で重複しているデータを抽出する

別のブック（または別シート）の表と比較して重複しているデータを抽出したい場合も、フィルターオプションを利用して抽出することができます。
［フィルターオプションの設定］ダイアログボックスを表示して、［リスト範囲］ボックスや［検索条件範囲］ボックスを選択し、ブック（またはシート）をクリックしてから、表の範囲を選択します。

▶ 範囲名の自動設定

フィルターオプションを設定していると、検索条件範囲に「Criteria」、抽出範囲に「Extract」という名前が勝手に表示されることがあります。
これは、フィルターオプションを前回使用した際の設定（条件範囲や抽出範囲）をExcel が覚えているためです。前回と同じ設定でフィルターオプションを実行する場合は、そのまま実行してください。
検索条件範囲や抽出範囲が前回と異なる場合は、条件範囲や抽出範囲を設定しなおしてください。
「Criteria」や「Extract」の表示が気になる場合は、［数式］タブ［定義された名前］の［名前の管理］をクリックして、［名前の管理］ダイアログボックスを表示し、「Criteria」や「Extract」の名前を削除してください。

本章のまとめ

- データを抽出する場合の基本機能としてオートフィルターがあります。
- オートフィルター機能を使用すると、大量のデータの中から指定したすべての条件に当てはまるデータだけを抽出することができます。
- 複雑な条件でデータを抽出する場合は、フィルターオプションを使うと便利です。
  フィルターオプションでは、複数の検索条件を自由に組み合わせてワークシート上に設定することができます。
- 表をテーブルに変換すると、テーブルのスライサー機能を利用することができます。
  テーブルにスライサーを挿入すると、スライサーの項目を選択するだけで、該当するデータを抽出することができます。
- 条件付き書式を使うと、重複する値を強調表示することができます。
  さらにオートフィルターの「色フィルター」を利用すると、条件付き書式で強調表示した重複データを簡単に抽出することができます。
- フィルターオプションを使うと、2 つの表から重複しているデータを抽出することができます。

先輩！助けてください。
２つの展示会の入場者リストから両方の展示会に参加され
たお客さまのリストを抽出するように頼まれたんです。で
もリストが膨大すぎて、とても私一人では作業が終わりそ
うもないんです。

重複データの抽出ね。仕事によっては、重複データを削除
してほしいっていう場合もあるわね。
よい機会だから、いろんな場面で応用がきくようにデータ
抽出のテクニックをいくつか教えておくわね。

第 **4** 章

集計の強力機能
ピボットテーブルでデータを分析する

4-1 ピボットテーブルで実現する単純集計、クロス集計とは

 単純集計、クロス集計、ピボットテーブル

解説 単純集計

　単純集計とは、ひとつの項目に対してデータの実数や比率などを集計することです。単純集計では、データ全体の傾向を把握することができます。具体例がないとわかりにくいと思いますので、アンケート集計を例にして説明します。

　たとえば、ある会社のサービスを利用した200人のお客さまにつぎのような満足度についてのアンケート調査を行ったとします。

Q1	あなたの性別
	□男性　□女性
Q2	あなたの年齢
	□10歳代　□20歳代　□30歳代　□40歳代
	□50歳代　□60歳代
Q3	サービスを利用した感想を教えてください
	□たいへん満足
	□満足
	□どちらでもない
	□不満
	□たいへん不満

　このアンケートのQ3（満足度）に対する回答を集計したところ、つぎのような結果になりました。

		たいへん満足	満足	どちらでもない	不満	たいへん不満
Q3	回答数	38人	64人	48人	34人	16人
	比率	19%	32%	24%	17%	8%

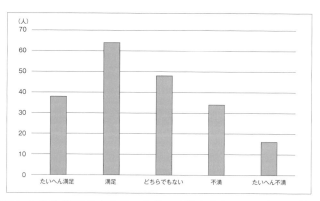

　「たいへん満足」と「満足」の合計が51％となり、全体の半数を超えているため、利用客の半数はサービスに満足しているとみることができます。一方、「不満」と「たいへん不満」と回答した利用者も全体の25％いることから、改善すべき課題もありそうです。

　このようにひとつの項目に対する全データの集計が単純集計です。単純集計はGT（グランドトータル）とも呼ばれ、集計の基本です。

　このアンケートQ3の単純集計の結果からは、サービスに対する利用者の満足度について、全体の傾向をみることができます。別のサービスでも同様のアンケートをとって結果を比較すれば、さらに多くの「気づき」が得られる可能性があります。

操作手順　**クロス集計**

　単純集計の結果から全体の傾向をみることはできますが、このアンケートの場合、もしかすると、「男性と女性

で評価が分かれている」かもしれませんし、実は「利用者の年齢によって評価が分かれている」かもしれません。

　これを調べるには、全体（単純集計の結果）を「性別」や「年齢」のような属性でそれぞれをセグメントして、そのセグメントごとにアンケート結果を集計する必要があります。このように、全体を属性で分割し、属性ごとに集計することをクロス集計といいます。

　先ほどのアンケートを男女別に集計するとつぎのような結果になりました。

			たいへん満足	満足	どちらでもない	不満	たいへん不満
Q3	男性	回答数	26人	44人	18人	8人	4人
		比率	26%	44%	18%	8%	4%
	女性	回答数	12人	20人	30人	26人	12人
		比率	12%	20%	30%	26%	12%

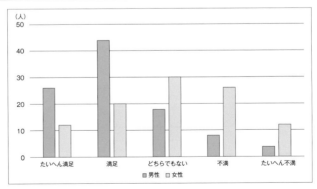

男女別の集計結果を比較してみると、男性では「たいへん満足」と「満足」の合計が 70% でかなりの高評価となっていますが、女性の場合には「たいへん満足」と「満足」の合計は 32% にとどまっており、男女で満足度に大きな差があることがわかります。

　このアンケートの場合、Q2 で年齢についての問いも設けていますので、利用者の年齢層ごとに集計することで、また新たな傾向や気づきが得られる可能性があります。

　このように、クロス集計を行うと、単純集計の結果の中身を細分化して、さらに詳しく分析することができます。

　「分析」という言葉の意味を調べてみると、「ある物事を分解して、それを成立させている成分・要素・側面を明らかにすること」とあります。クロス集計は、まさにデータ分析の基本といえます。

　Excel では、ピボットテーブルを利用すると、マウス操作だけで、簡単に単純計算やクロス集計を行うことができます。

解説　ピボットテーブル

　単純集計やクロス集計を行うのに便利な機能が「ピボットテーブル」です。ピボットテーブルを利用すると、関数や数式を入力したり並べ替えを行ったりしなくても、簡単な操作で単純集計やクロス集計をさまざまな角度から行うことができます。

　ピボットテーブルの具体的な操作方法については 4-3 で学習します。

4-2 集計元の表（リスト）を確認して、集計結果をイメージする

 リスト、フィールド、ピボットテーブル 〈4_2〉

課題 ▶ さまざまな集計表

この表は首都圏に10店舗を展開しているお茶の専門店の売上データです。

この表を見て、どのような集計表が作成できるか検討してください。

単純集計とクロス集計に分けて、それぞれ、思いつく限りの集計表の形を紙に書き出してみましょう。

	A	B	C	D	E	F	G	H	I	J	K
1	注文コード	日付	店舗コード	店舗名	販売エリア	商品コード	商品名	分類	単価	数量	金額
2	1101	2019/1/7	101	新宿店	東京	C03	ジャスミン茶	中国茶	800	12	9600
3	1101	2019/1/7	101	新宿店	東京	N02	ほうじ茶	日本茶	1000	7	7000
4	1102	2019/1/7	102	池袋店	東京	N03	玉露	日本茶	2500	15	37500
5	1102	2019/1/7	102	池袋店	東京	C03	ジャスミン茶	中国茶	800	15	12000
6	1102	2019/1/7	102	池袋店	東京	N03	玉露	日本茶	2500	45	112500
7	1103	2019/1/7	103	品川店	東京	N02	ほうじ茶	日本茶	1000	6	6000
8	1103	2019/1/7	103	品川店	東京	T01	セイロン	紅茶	1800	15	27000
9	1104	2019/1/7	104	川崎店	神奈川	N02	ほうじ茶	日本茶	1000	7	7000
10	1104	2019/1/7	104	川崎店	神奈川	C02	プーアール茶	中国茶	900	9	8100

元の表（リスト）の構造と各部の名称

　ピボットテーブルで集計を行うためには、集計の元になる表が必要です。この表のことをリストと呼びます。リストには決まった構造があります。最初にリストの構造と各部の名称について確認しておきましょう。

　リストはフィールド名、フィールド、レコードで構成されています。

フィールド名 　　　　　　　　　　　　　　　　　　　フィールド

	A	B	C	D	E	F	G	H	I	J	K
1	注文コード	日付	店舗コード	店舗名	販売エリア	商品コード	商品名	分類	単価	数量	金額
2	1101	2019/1/7	101	新宿店	東京	C03	ジャスミン茶	中国茶	800	12	9600
3	1101	2019/1/7	101	新宿店	東京	N02	ほうじ茶	日本茶	1000	7	7000
4	1102	2019/1/7	102	池袋店	東京	N03	玉露	日本茶	2500	15	37500
5	1102	2019/1/7	102	池袋店	東京	C03	ジャスミン茶	中国茶	800	15	12000
6	1102	2019/1/7	102	池袋店	東京	N03	玉露	日本茶	2500	45	112500
7	1103	2019/1/7	103	品川店	東京	N02	ほうじ茶	日本茶	1000	6	6000
8	1103	2019/1/7	103	品川店	東京	T01	セイロン	紅茶	1800	15	27000
9	1104	2019/1/7	104	川崎店	神奈川	N02	ほうじ茶	日本茶	1000	7	7000
10	1104	2019/1/7	104	川崎店	神奈川	C02	プーアール茶	中国茶	900	9	8100

レコード

フィールド名

　表の先頭行に入力された列見出しを「フィールド名」と呼びます。フィールド名はフィールドを識別するための名称です。わかりやすい名前で、他のフィールド名と重ならないように設定します。

フィールド

　リストでは、列を「フィールド」と呼びます。ひとつのフィールドには同じ種類のデータを入力します。[商品名]

のフィールドには商品名だけ、［数量］のフィールドには数量だけを入力し、他のデータは入力しないようにします。

レコード

　リストでは、行を「レコード」と呼びます。ひとつのレコードには1件分のデータが入力されています。

▶ ピボットテーブルで集計できない表

ピボットテーブルで集計するためには、リストはフィールドとレコードで構成されたデータになっていなければなりません。つぎのような表はピボットテーブルで集計することができないので注意しましょう。

　・1件のデータが複数行にわたって入力されている
　・フィールドの種類や数が異なるレコードが存在している
　・ひとつのセルの中に2つ以上の値が入っている

解説　フィールドを属性フィールドと値フィールドに分類する

　集計を行うには、まず、リストの各フィールドを、集計の基準となる属性フィールドと集計の対象となる値フィールドに分類します。「何を基準にどの数字を集計する」の「何」にあたるのが属性フィールド、「どの数字」にあたるのが値フィールドと考えるとよいでしょう。

　課題のお茶専門店の売上データの場合、集計に利用できる属性フィールドと値フィールドには、つぎのようなものがあります。

属性フィールド	日付、店舗名、販売エリア、商品名、分類、単価
値フィールド	数量、金額

　※店舗コードと商品コードも属性フィールドとして使用できますが、店舗コードは店舗名、商品コードは商品名

と同じ属性を示すフィールドであるため、ここでは店舗コードと商品コードを省略しています。

※注文コードも属性フィールドとして使用できますが、注文コード別に集計しても有用な集計はできないため省略しています。

※単価も数字ですが、価格の種類をあらわすため、属性フィールドに入れています。

解説　単純集計の形を検討する

まず、どのような単純集計ができるか検討してみましょう。

単純集計では、集計の基準となる属性フィールドと集計対象となる値フィールドをひとつずつ選びます。属性フィールドと値フィールドの組み合わせを変えると、さまざまな形の集計表を作成することができます。

値フィールドを［金額］にした場合の例を考えてみましょう。

ほかにも、値フィールドを［数量］とした集計が考えられます。

商品名（属性）×金額（値）

商品名	金額
アールグレイ	2,313,600
アッサム	3,995,200

分類（属性）×金額（値）

分類	金額
紅茶	12,330,100
中国茶	5,685,500

日付（属性）×金額（値）

日付	金額
1月	2,804,800
2月	2,497,100

販売エリア（属性）×金額（値）

販売エリア	金額
埼玉	7,096,800
神奈川	3,611,600

店舗名（属性）×金額（値）

店舗名	金額
浦安店	3,715,100
横浜店	1,900,100

解説　クロス集計の形を検討する

クロス集計を行う場合は、まず、元になる単純集計表を作成し、それを何の属性で分割して集計するかを考えます。

たとえば、商品名ごとに金額を集計した単純集計表を日付属性で分割して集計すると、商品ごとの月別（日付）の売上をみるクロス集計表ができます。

商品名ごとに金額を集計した単純集計表

商品名	金額
アールグレイ	2,313,600
アッサム	3,995,200

商品名ごとの単純集計表を［日付］属性でクロス集計

商品名	日付	
	1月	2月
アールグレイ	128,400	170,400
アッサム	354,200	354,200

　属性をいろいろと組み合わせて、さまざまなクロス集計表の形を考えてみましょう。
　値フィールドを［金額］にした場合の例です。

商品名（属性）×金額（値）×日付（属性）

商品名	日付	
	1月	2月
アールグレイ	128,400	170,400
アッサム	354,200	354,200

分類（属性）×金額（値）×日付（属性）

分類	日付	
	1月	2月
紅茶	1,098,200	796,100
中国茶	377,100	548,500

店舗名（属性）×金額（値）×日付（属性）

店舗名	日付	
	1月	2月
浦安店	409,800	390,500
横浜店	149,500	141,000

販売エリア（属性）×金額（値）×日付（属性）

販売エリア	日付	
	1月	2月
埼玉	588,800	434,600
神奈川	267,350	312,550

商品名（属性）×金額（値）×販売エリア（属性）

	販売エリア	
商品名	埼玉	神奈川
アールグレイ	542,400	129,600
アッサム	712,800	288,200

商品名（属性）×金額（値）×店舗名（属性）

	店舗名	
商品名	浦安店	横浜店
アールグレイ	282,000	73,200
アッサム	457,600	173,800

分類（属性）×金額（値）×販売エリア（属性）

	販売エリア	
分類	埼玉	神奈川
紅茶	2,752,500	1,022,300
中国茶	1,414,300	573,800

分類（属性）×金額（値）×店舗名（属性）

	店舗名	
分類	浦安店	横浜店
紅茶	1,384,900	513,100
中国茶	581,200	212,000

同様に値フィールドを［数量］とした集計が考えられます。

　商品ごとの売上がどのくらいか、どの店舗の販売数が多いかなど、集計の目的をよく考えて集計表を作成しましょう。
　目的に応じた集計表を素早く作成するには、リストを見ただけで、集計表の形がイメージできるようになることが重要です。
　集計表のイメージができれば、ピボットテーブルの機能を使って、簡単に目的の集計表を作成することができます。

4-3 ピボットテーブルで単純集計する

 単純集計、ピボットテーブル〈4_3〉

課題 ▶ ピボットテーブルを利用して商品別の売上表を作成する

下記のリストを元にピボットテーブルを利用して、商品別の売上金額の集計表を作成してください。
つぎに、作成したピボットテーブルの設定を変更して、店舗別の売上数量の集計表を作成してください。

	A	B	C	D	E	F	G	H	I	J	K
1	注文コード	日付	店舗コード	店舗名	販売エリア	商品コード	商品名	分類	単価	数量	金額
2	1101	2019/1/7	101	新宿店	東京	C03	ジャスミン茶	中国茶	800	12	9600
3	1101	2019/1/7	101	新宿店	東京	N02	ほうじ茶	日本茶	1000	7	7000
4	1102	2019/1/7	102	池袋店	東京	N03	玉露	日本茶	2500	15	37500
5	1102	2019/1/7	102	池袋店	東京	C03	ジャスミン茶	中国茶	800	15	12000
6	1102	2019/1/7	102	池袋店	東京	N03	玉露	日本茶	2500	45	112500
7	1103	2019/1/7	103	品川店	東京	N02	ほうじ茶	日本茶	1000	6	6000
8	1103	2019/1/7	103	品川店	東京	T01	セイロン	紅茶	1800	15	27000
9	1104	2019/1/7	104	川崎店	神奈川	N02	ほうじ茶	日本茶	1000	7	7000
10	1104	2019/1/7	104	川崎店	神奈川	C02	プーアール茶	中国茶	900	9	8100

操作手順 ピボットテーブルを利用して商品別の売上表を作成する

　ピボットテーブルの基本操作を理解するために、まずは、商品別売上金額の単純集計をしてみましょう。

　商品別の売上金額を集計するので、集計の基準となる属性フィールドは［商品名］または［商品コード］、集計対象となる値フィールドは［金額］になります。

1. 「注文データ」シートを開きます。

集計元になるリストが表示されます。

2. リスト内の任意のセルをクリックし、［挿入］タブ［テーブル］の［ピボットテーブル］の上部をクリックします。

［ピボットテーブルの作成］（または［テーブルまたは範囲からのピボットテーブル］）ダイアログボックスが表示されます。

3. ［テーブル／範囲］に集計元になるリストのセル範囲が表示されていることを確認したら、［OK］ボタンをクリックします。

ブックに新しいシートが追加され、白紙のピボットテーブルが表示されます。

右側に［ピボットテーブルのフィールド］作業ウィンドウが表示されます。

白紙のピボットテーブル
（集計結果が表示される）

［ピボットテーブルのフィールド］
作業ウィンドウ
（集計する項目を設定するウィンドウ）

このウィンドウで集計する項目を設定して、さまざまな集計表を作成していくことができます。

▶ ［ピボットテーブルのフィールド］作業ウィンドウが表示されない場合

［ピボットテーブルのフィールド］作業ウィンドウが表示されない場合は、102 ページ「▶ ［ピボットテーブルのフィールド］作業ウィンドウが表示されない」を参照してください。

4. ［ピボットテーブルのフィールド］作業ウィンドウの
　 ［フィールドセクション］から、［商品名］を選択し、
　 ［エリアセクション］の［行］エリアにドラッグします。

［フィールドセクション］

ドラッグする

［エリアセクション］

［ピボットテーブルのフィールド］作業ウィンドウに一
覧が入りきらずにフィールドを確認することができな
い場合は、スクロールバーをドラッグして表示します。

5. 同様の操作で、[金額] を [値] エリアにドラッグします。

白紙のピボットテーブルに、商品別の売上金額を集計
したピボットテーブルが作成されます。

属性フィールドが [商品名]、値フィールドが [金額]
の単純集計表です。

　ピボットテーブルの左端にある縦に並んだ行見出し
を [行ラベル] と呼びます。[行ラベル] には、[ピ
ボットテーブルのフィールド] 作業ウィンドウで、[行]
エリアにドラッグしたフィールドの項目が表示されます。

　[行ラベル] の横に並んだ数字は [値] と呼びます。[値] には、[ピボットテーブルのフィールド] 作業ウィンドウで、[値] エリアにドラッグしたフィールドの集計結果が表示されます。

ピボットテーブルで単純集計を行う場合は、属性フィールドを［行］エリアに配置し、［値］フィールドを［値］エリアに配置するのが基本です。

属性フィールドを［列］エリアに配置することもできますが、属性フィールドを［列］エリアに配置すると、表が横に大きくなり、見づらくなることが多いため、基本的には属性フィールドは［行］エリアに配置すると覚えておきましょう。

操作手順 **店舗別の売上数量の集計表に変更する**

　作成した商品別売上金額のピボットテーブルの設定を変更して、店舗別売上数量のピボットテーブルに変更します。

　店舗別の売上数量を集計するので、集計の基準となる属性フィールドは［店舗名］または［店舗コード］、集計対象の値フィールドは［数量］になります。

1. 作成したピボットテーブル内の任意のセルをクリックします。

［ピボットテーブルのフィールド］作業ウィンドウが表示されます。

2. ［行］エリアの［商品名］を選択し、［フィールドリスト］の外へドラッグします。

［行］エリア内のフィールド名をクリックし、表示されるメニューで［フィールドの削除］を選択しても、フィールドを削除できます。

3. **同様の操作で、［値］エリアの［合計 / 金額］を ［フィールドリスト］の外へドラッグして削除します。**
4. **［フィールドセクション］から［店舗名］を選択し、 ［行］エリアにドラッグします。**
5. **同様の操作で、［数量］を［値］エリアにドラッグします。**

店舗別に売上数量を集計したピボットテーブルが作成されます。

属性フィールドが［店舗名］、値フィールドが［数量］の単純集計です。

行ラベル	合計 / 数量
浦安店	2043
横浜店	861
所沢店	586
松戸店	2377
新宿店	1099
千葉店	1338
川崎店	1010
大宮店	3629
池袋店	4321
品川店	1156
総計	18420

　このように、ピボットテーブルを使うと、属性フィールドや値フィールドをマウスのドラッグ操作だけで切り替えて、視点の異なる集計表を簡単に作成することができます。

［ピボットテーブルのフィールド］作業ウィンドウはピ
ボットテーブルがアクティブでないと表示されません。
ピボットテーブルをアクティブにするには、ピボット
テーブル内の任意のセルをクリックします。
ピボットテーブルをアクティブにしてもフィールドリス
トが表示されない場合は、フィールドリストが非表示に
なっています。この場合は、ピボットテーブルをアク
ティブにすると表示される［ピボットテーブルツール］
［ピボットテーブル分析］タブ（または［ピボットテー
ブル分析］タブ）［表示］の［フィールドリスト］をク
リックし、オンにします。

［フィールドリスト］ボタン
をオンにすると、［ピボット
テーブルのフィールド］作
業ウィンドウが表示される

4-4 ピボットテーブルでクロス集計する

 クロス集計、ピボットテーブル 〈4_4〉

課題 ▶ 販売エリアごとにどの商品がどのくらい売れているかを集計する

販売エリアごとにどの商品がどのくらい売れているかを確認するために、行ラベルに［商品名］、列ラベルに［販売エリア］を配置したつぎのクロス集計表を作成してください。

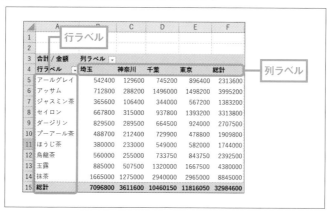

行ラベル	埼玉	神奈川	千葉	東京	総計
アールグレイ	542400	129600	745200	896400	2313600
アッサム	712800	288200	1496000	1498200	3995200
ジャスミン茶	365600	106400	344000	567200	1383200
セイロン	667800	315000	937800	1393200	3313800
ダージリン	829500	289500	664500	924000	2707500
プーアール茶	488700	212400	729900	478800	1909800
ほうじ茶	380000	233000	549000	582000	1744000
烏龍茶	560000	255000	733750	843750	2392500
玉露	885000	507500	1320000	1667500	4380000
抹茶	1665000	1275000	2940000	2965000	8845000
総計	7096800	3611600	10460150	11816050	32984600

操作手順 **販売エリアごとにどの商品がどのくらい売れているかを集計する**

1. 「注文データ」シートのリスト内をクリックして、
[挿入] タブ [テーブル] の [ピボットテーブル]
の上部をクリックします。

[ピボットテーブルの作成]（または [テーブルまたは範囲か
らのピボットテーブル]）ダイアログボックスが表示されます。

2. [テーブル / 範囲] に集計元になるリストのセル
範囲が表示されていることを確認したら、[OK]
ボタンをクリックします。

新しいシートが追加され、白紙のピボットテーブルが
表示されます。また、右側に [ピボットテーブルの
フィールド] 作業ウィンドウが表示されます。

3. [ピボットテーブルのフィールド] 作業ウィンド
ウの [フィールドセクション] から、[商品名]
を選択し、[行] エリアにドラッグします。

4. 同様の操作で、[販売エリア] を [列] エリア、[金額] を [値] エリアにドラッグします。

行ラベルに [商品名]、列ラベルに [販売エリア] を配置したクロス集計表のピボットテーブルが作成されます。

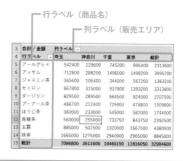

行ラベル（商品名）
列ラベル（販売エリア）

3	合計 / 金額	列ラベル				
4	行ラベル	埼玉	神奈川	千葉	東京	総計
5	アールグレイ	542400	129600	745200	896400	2313600
6	アッサム	712800	288200	1496000	1498200	3995200
7	ジャスミン茶	365600	106400	344000	567200	1383200
8	セイロン	667800	315000	937800	1393200	3313800
9	ダージリン	829500	289500	664500	924000	2707500
10	プーアール茶	488700	212400	729900	478800	1909800
11	ほうじ茶	380000	233000	549000	582000	1744000
12	烏龍茶	560000	255000	733750	843750	2392500
13	玉露	885000	507500	1320000	1667500	4380000
14	抹茶	1665000	1275000	2940000	2965000	8845000
15	総計	7096800	3611600	10460150	11816050	32984600

▶ ピボットテーブルの4領域

ピボットテーブルは4個の領域で構成されています。
[ピボットテーブルのフィールド] 作業ウィンドウの [エリアセクション] に各フィールドを配置して作成します。

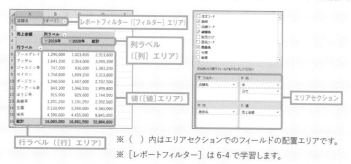

レポートフィルター（[フィルター] エリア）

列ラベル（[列] エリア）

値（[値] エリア）

エリアセクション

行ラベル（[行] エリア）

※（ ）内はエリアセクションでのフィールドの配置エリアです。
※ [レポートフィルター] は 6-4 で学習します。

4-5 ピボットテーブルの体裁を整える

課題 ピボットテーブルの体裁を整える

ピボットテーブルの体裁をつぎのように見やすく整えてください。

- 値の数字に桁区切りを付ける
- フィールドの見出しを、それぞれ「商品名」、「販売エリア」に変更する
- 総計行と総計列を非表示にする

フィールドの見出し

合計 / 金額	販売エリア			
商品名	埼玉	神奈川	千葉	東京
アールグレイ	542,400	129,600	745,200	896,400
アッサム	712,800	288,200	1,496,000	1,498,200
ジャスミン茶	365,600	106,400	344,000	567,200
セイロン	667,800	315,000	937,800	1,393,200
ダージリン	829,500	289,500	664,500	924,000
プーアール茶	488,700	212,400	729,900	478,800
ほうじ茶	380,000	233,000	549,000	582,000
烏龍茶	560,000	255,000	733,750	843,750
玉露	885,000	507,500	1,320,000	1,667,500
抹茶	1,665,000	1,275,000	2,940,000	2,965,000

操作手順 値に桁区切りを表示する

値に桁区切りのカンマが表示されるようにします。

1. **ピボットテーブルの値の任意のセルを右クリックして、表示されるメニューから [値フィールドの設定] をクリックします。**

[値フィールドの設定] ダイアログボックスが表示されます。

▶ **[値フィールドの設定] ダイアログボックスの表示方法**

ピボットテーブルの値の中の任意のセルを選択し、[ピボットテーブルツール] [ピボットテーブル分析] タブ（または [ピボットテーブル分析] タブ）[アクティブなフィールド] の [フィールドの設定] をクリックしても表示できます。

2. **[表示形式] ボタンをクリックします。**

[セルの書式設定] ダイアログボックスが表示されます。

3. **[分類] で [数値] を選択し、[桁区切り (,) を使用する] をチェックして、[OK] ボタンをクリックします。**

4. **[値フィールドの設定] ダイアログボックスの [OK] ボタンをクリックします。**

ピボットテーブルの値に桁区切りが表示されます。

▶ 値の表示を千単位にする

ピボットテーブル内の値の桁数が大きくて見づらく感じる場合は、値の表示を千単位などに変更すると見やすくなります。
値の表示を千単位に変更する場合は、[値フィールドの設定]ダイアログボックスから[セルの書式設定]ダイアログボックスを開き、[分類]で[ユーザー定義]を選択して、[種類]の下のボックスに「#,##0,」と入力します。
もし、値の表示を百万単位にしたい場合は、「#,##0,,」のように末尾にコンマを2つ続けて入力します。

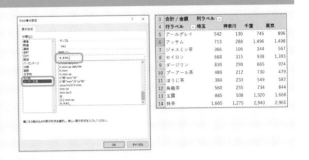

操作手順 フィールドテーブルの見出しを変更する

フィールドの見出しは自動的に設定されますが、これらの見出しはあとから変更することができます。ここでは、セル「A4」の見出しを「商品名」に、セル「B3」の見出しを「販売エリア」に変更します。

1. セル「A4」を選択し、「商品名」と入力します。
2. 同様に、セル「B3」を選択し、「販売エリア」と
   入力します。

● フィールドの見出し

フィールドの見出しは、ピボットテーブルの形式によっ
て表示が異なります。表示する形式については、116
ページ「レイアウトの形式」を参照してください。

また、フィールドの見出しを非表示にするには、[ピボットテーブルツール][ピボットテーブル分析] タブ（または [ピ
ボットテーブル分析] タブ）[表示]の[フィールドの見出し]をクリックして、オフにします。

操作手順 総計行、総計列を非表示にする

ピボットテーブルを作成すると、自動的に総計行と総計列が追加されます。総計行や総計列が不要な場合は、こ
れらを非表示にすることができます。

ここでは、総計行と総計列を非表示にします。

1. ピボットテーブル内の任意のセルをクリックします。
2. [ピボットテーブルツール][デザイン] タブ（または
   [デザイン] タブ）[レイアウト]の[総計]をクリッ
   クし、[行と列の集計を行わない]をクリックします。

ピボットテーブルの総計行と総計列が非表示になります。

4-6 並び順を変更する

ピボットテーブルの並べ替え ⟨4_6⟩

課題 ピボットテーブルで金額の高い順に並べ替える

「Sheet1」の集計表を総計列の金額の高い順に並べ替えてください。

合計 / 金額	販売エリア				
商品名	埼玉	神奈川	千葉	東京	総計
アールグレイ	542,400	129,600	745,200	896,400	2,313,600
アッサム	712,800	288,200	1,496,000	1,498,200	3,995,200
ジャスミン茶	365,600	106,400	344,000	567,200	1,383,200
セイロン	667,800	315,000	937,800	1,393,200	3,313,800
ダージリン	829,500	289,500	664,500	924,000	2,707,500
プーアール茶	488,700	212,400	729,900	478,800	1,909,800
ほうじ茶	380,000	233,000	549,000	582,000	1,744,000
烏龍茶	560,000	255,000	733,750	843,750	2,392,500
玉露	885,000	507,500	1,320,000	1,667,500	4,380,000
抹茶	1,665,000	1,275,000	2,940,000	2,965,000	8,845,000
総計	7,096,800	3,611,600	10,460,150	11,816,050	32,984,600

合計 / 金額	販売エリア				
商品名	埼玉	神奈川	千葉	東京	総計
抹茶	1,665,000	1,275,000	2,940,000	2,965,000	8,845,000
玉露	885,000	507,500	1,320,000	1,667,500	4,380,000
アッサム	712,800	288,200	1,496,000	1,498,200	3,995,200
セイロン	667,800	315,000	937,800	1,393,200	3,313,800
ダージリン	829,500	289,500	664,500	924,000	2,707,500
烏龍茶	560,000	255,000	733,750	843,750	2,392,500
アールグレイ	542,400	129,600	745,200	896,400	2,313,600
プーアール茶	488,700	212,400	729,900	478,800	1,909,800
ほうじ茶	380,000	233,000	549,000	582,000	1,744,000
ジャスミン茶	365,600	106,400	344,000	567,200	1,383,200
総計	7,096,800	3,611,600	10,460,150	11,816,050	32,984,600

ピボットテーブルで金額の高い順に並べ替える

ピボットテーブルで、総計列の金額の高い順に並べ替えます。

1. 総計列の値部分の任意のセルを選択します。

2. ［データ］タブ［並べ替えとフィルター］の［降順］をクリックします。

総計列の金額が高い順に並べ替わります。

このように、ピボットテーブルも通常の表と同じように簡単な操作で並べ替えることができます。

総計列の任意のセルを選択して、[データ] タブ [並べ替えとフィルター] の [昇順] をクリックすると、総計列（商品）の金額が低い順に並べ替わります。また、総計行の任意のセルを選択して、[昇順] で並べ替えると総計行（販売エリア）の金額が低い順に並べ替わります。

[データ] タブ [並べ替えとフィルター] の [並べ替え] をクリックすると、[値で並べ替え] ダイアログボックスが表示され、[昇順]・[降順] や並べ替えの方向を指定することができます。

[並べ替えの方向] で [行単位] を選択すると、行方向（ここでは商品の金額の昇順 / 降順）に並べ替えられ、[列単位] を選択すると、列方向（ここでは販売エリアの金額の昇順 / 降順）に並べ替えられます。

課題 ▶ ピボットテーブルを自在に並べ替える

集計元リスト（[注文データ] シート）には、[商品コード] フィールドがあります。「Sheet2」のピボットテーブルに [商品コード] フィールドを追加して、[商品コード] 順に並べ替えてください。

また、列ラベルを「東京」、「神奈川」、「千葉」、「埼玉」の順番に並べ替えてください。

3	合計 / 金額	販売エリア				
4	商品名	埼玉	神奈川	千葉	東京	総計
5	アールグレイ	542,400	129,600	745,200	896,400	2,313,600
6	アッサム	712,800	288,200	1,496,000	1,498,200	3,995,200
7	ジャスミン茶	365,600	106,400	344,000	567,200	1,383,200
8	セイロン	667,800	315,000	937,800	1,393,200	3,313,800
9	ダージリン	829,500	289,500	664,500	924,000	2,707,500
10	プーアール茶	488,700	212,400	729,900	478,800	1,909,800
11	ほうじ茶	380,000	233,000	549,000	582,000	1,744,000
12	烏龍茶	560,000	255,000	733,750	843,750	2,392,500
13	玉露	885,000	507,500	1,320,000	1,667,500	4,380,000
14	抹茶	1,665,000	1,275,000	2,940,000	2,965,000	8,845,000
15	総計	7,096,800	3,611,600	10,460,150	11,816,050	32,984,600

3	合計 / 金額		販売エリア				
4	商品コード	商品名	東京	神奈川	千葉	埼玉	総計
5	C01	烏龍茶	843,750	255,000	733,750	560,000	2,392,500
6	C02	プーアール茶	478,800	212,400	729,900	488,700	1,909,800
7	C03	ジャスミン茶	567,200	106,400			
8	N01	抹茶	2,965,000	1,275,000			
9	N02	ほうじ茶	582,000	233,000			
10	N03	玉露	1,667,500	507,500			
11	T01	セイロン	1,393,200	315,000	937,800	667,800	3,313,800
12	T02	ダージリン					
13	T03	アールグレイ					
14	T04	アッサム	1,498,200	288,200	1,496,000	712,800	3,995,200
15	総計		11,816,050	3,611,600	10,460,150	7,096,800	32,984,600

② 列ラベルを「東京」、「神奈川」、「千葉」、「埼玉」の順番に並べ替える

① 行ラベルを[商品コード]順に並べ替える

解説 行ラベルと列ラベルを並べ替える

　ピボットテーブルのデータは、行ラベルや列ラベルに追加したフィールドの昇順で自動的に並べ替えられます。行ラベルや列ラベルに複数のフィールドを配置した場合は、上位に配置したフィールドが優先されます。

　また、ピボットテーブルの行ラベルや列ラベルは、手動で並べ替えることもできます。

操作手順 行ラベルを[商品コード]順に並べ替える

「Sheet2」のピボットテーブルの［行］エリアに
［商品コード］フィールドを追加して、行ラベルを
［商品コード］順に並べ替えます。

1. ピボットテーブル内の任意のセルをクリックして、
   ［ピボットテーブルのフィールド］作業ウィンド
   ウを表示します。
2. ［フィールドセクション］の［商品コード］を選
   択し、［行］エリアの［商品名］の上にドラッグ
   します。

ピボットテーブルの行ラベルに［商品コード］が追加
され、行ラベルが商品コード順に並べ替わります。

［商品コード］の下に［商品名］が表示されているた
め、見やすくするために、レイアウトを調整します。

3. ［ピボットテーブルツール］［デザイン］タブ（ま
   たは［デザイン］タブ）［レイアウト］の［レポート
   のレイアウト］をクリックし、［表形式で表示］
   をクリックします。

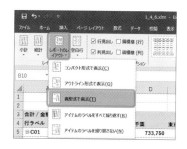

ピボットテーブルのレイアウトが表形式に変更され、
2行になっていた［商品コード］と［商品名］が横1
行に並んで表示されます。

商品コードごとの小計行は不要なので、非表示にしま
す。

C01の小計行

4. [**レイアウト**] の [**小計**] をクリックし、[**小計を 表示しない**] をクリックします。

集計行が非表示になります。

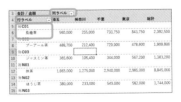

解説 レイアウトの形式

　ピボットテーブルの表示方法には、「コンパクト形式」、「アウトライン形式」、「表形式」の３種類があり、[ピボットテーブルツール] [デザイン] タブ（または [デザイン] タブ）[レイアウト] の [レポートのレイアウト] から変更することができます。それぞれの特徴はつぎのようになります。

コンパクト形式

　行ラベルに設定した複数のフィールドの行見出しが１列にまとまって表示される形式です。初期値はコンパクト形式になります。

　フィールドの見出しには、「行ラベル」「列ラベル」と表示されます。

アウトライン形式

　行ラベルに設定した複数のフィールドの行見出しが列に分けて表示されます。また、階層が下がるとデータを1行ずつずらして表示します。

　フィールドの見出しには、リストのフィールド名が自動的に設定されます。

表形式

　行ラベルに設定した複数のフィールドの行見出しが列に分けて表示されます。アウトライン形式とは異なり、階層が下がっても同じ行から表示します。

　フィールドの見出しには、リストのフィールド名が自動的に設定されます。

　［商品コード］の前に表示されている✚や➖ボタンは、階層構造がある場合に、下位のフィールドを表示するかどうかを選択するボタンです（4-7参照）。✚や➖ボタンは非表示にすることもできます。
　［ピボットテーブルツール］［ピボットテーブル分析］タブ（または［ピボットテーブル分析］タブ）［表示］の［+/- ボタン］をクリックしてオフにすると、✚や➖ボタンが非表示になります。

操作手順 列ラベルを手動で並べ替える

列ラベルを「東京」、「神奈川」、「千葉」、「埼玉」の順に並べ替えます。
並べ替えの順序を昇順・降順以外の順にしたい場合は、手動で並べ替えることができます。

1. 列ラベルの「埼玉」のセルで右クリックし、表示されるメニューから［移動］－［" 埼玉 " を末尾へ移動］をクリックします。

「埼玉」の列が末尾（「総計」の前）に移動します。

2. 列ラベルの「東京」のセルで右クリックし、表示されるメニューから［移動］－［" 東京 " を先頭へ移動］をクリックします。

列ラベルが「東京」、「神奈川」、「千葉」、「埼玉」の順に並べ替わります。

4-7 | 行ラベル・列ラベルを階層構造にする

行ラベル・列ラベルの階層構造、ピボットテーブル 〈4_7〉

課題 ▶ ピボットテーブルのラベルを階層構造にする

　ピボットテーブルの[ピボットテーブルのフィールド]作業ウィンドウで[行]エリアに[分類]フィールド、[列]エリアに[店舗名]フィールドを追加して、行ラベル・列ラベルを階層構造にしてください。

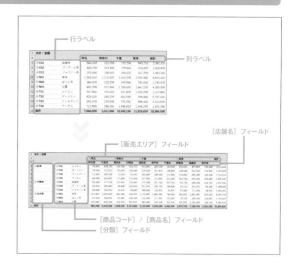

解説 階層構造とは

　階層構造とは、ある項目を親としてそこから関連する複数の項目（子）へと枝分かれしていく構造のことです。ツリー構造ともいいます。組織図などをイメージするとわかりやすいでしょう。

　ピボットテーブルでは、［ピボットテーブルのフィールド］作業ウィンドウの［行］エリアや［列］エリアに複数のフィールドを配置すると、フィールドに階層構造を設定することができます。

　ピボットテーブルの階層構造には、固定的な階層構造と、固定的ではない階層構造があります。

　たとえば、「4_7.xlsx」の注文データの場合、「紅茶」や「中国茶」などの［分類］フィールドと、「アッサム」や「烏龍茶」のような［商品名］フィールドの関係においては、［分類］フィールドが親で［商品名］フィールドが子の固定的な関係になります。2つのフィールドの間に固定的な階層構造がある場合は、ピボットテーブルでもその階層構造にしたがって、上位のフィールドを上位に配置する必要があります。

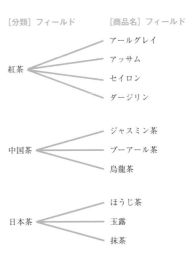

[分類]フィールド>[商品名]フィールド

分類	商品名	合計 / 金額
⊟紅茶	アールグレイ	2,313,600
	アッサム	3,995,200
	セイロン	3,313,800
	ダージリン	2,707,500
⊟中国茶	ジャスミン茶	1,383,200
	プーアール茶	1,909,800
	烏龍茶	2,392,500
⊟日本茶	ほうじ茶	1,744,000
	玉露	4,380,000
	抹茶	8,845,000

一方、［店舗名］フィールドと［商品名］フィールドのような場合、2つのフィールドには、固定的な上下関係はありません。このような場合には、店舗別に商品の売上を確認したいのか、商品別の店舗の売上を確認したいのかという分析者の意図によって、どちらのフィールドを上位の階層に設定するのかを決定します。

［店舗名］フィールド＞［商品名］フィールド　　　　［商品名］フィールド＞［店舗名］フィールド

3	店舗名	商品名	合計 / 金額
4	⊟浦安店	アールグレイ	282,000
5		アッサム	457,600
6		ジャスミン茶	148,800
7		セイロン	415,800
8		ダージリン	229,500
9		プーアール茶	257,400
10		ほうじ茶	219,000
11		烏龍茶	175,000
12		玉露	395,000
13		抹茶	1,135,000
14	⊟横浜店	アールグレイ	73,200
15		アッサム	173,800
16		ジャスミン茶	58,400
17		セイロン	
18		ダージリ	
19		プーアー	
20		ほうじ茶	

3	商品名	店舗名	合計 / 金額
4	⊟アールグレイ	浦安店	282,000
5		横浜店	73,200
6		所沢店	50,400
7		松戸店	290,400
8		新宿店	156,000
9		千葉店	172,800
10		川崎店	56,400
11		大宮店	492,000
12		池袋店	595,200
13		品川店	145,200
14	⊟アッサム	浦安店	457,600
15		横浜店	173,800
16		所沢	
17		松戸	
18		新宿	
19		千葉	
20		川崎	

　ピボットテーブルで階層構造を設定するには、［ピボットテーブルのフィールド］作業ウィンドウの［行］エリアや［列］エリアに、階層構造を設定する複数のフィールドを配置しますが、このとき、上に配置したフィールドが階層の上位となります。

　つぎのページの操作手順で確認してみましょう。

上位　店舗名
下位　商品名

行ラベル・列ラベルを階層構造にする

ピボットテーブルの行ラベルや列ラベルに複数のフィールドを配置して、行ラベルや列ラベルを階層構造にします。

1. ピボットテーブル内の任意のセルをクリックして、[ピボットテーブルのフィールド]作業ウィンドウを表示します。

2. [フィールドセクション]の[分類]を選択し、[行]エリアの[商品コード]の上にドラッグします。

3. 同様に[店舗名]を選択し、[列]エリアの[販売エリア]の下にドラッグします。

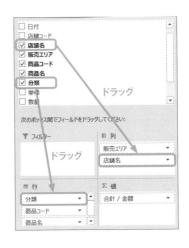

ピボットテーブルの行ラベルが[分類]、[商品コード]、[商品名]に階層化され、列ラベルが「販売エリア」、「店舗名」に階層化されます。

行ラベルは構造的には［分類］、［商品コード］、［商品名］の３階層になっていますが、［商品コード］と［商品名］は１つのコードに対して１つの商品名が対応する同じレベルのフィールドであるため、実質は［分類］と［商品コード］／［商品名］の２階層構造になっています。

操作手順 行ラベル・列ラベルの折りたたみと展開

　階層化した下位のフィールドは、折りたたんだり、展開したりすることができます。

行ラベルの［分類］フィールドの「紅茶」の下位の
フィールドを折りたたんでみましょう。

1. 「紅茶」の左横にある ⊟（［折りたたみ］ボタン）をク
　　リックします。

▶ ⊟［折りたたみ］ボタンがない

　⊟［折りたたみ］ボタンがない場合は、117ページ
「▶ 商品コードの前についている⊞と⊟ボタンを非表
示にする」を参照してください。

「紅茶」の下位にあった［商品名］フィールドと［商
品コード］フィールドが折りたたまれ、集計の数字は
「紅茶」の合計金額に変わります。

「紅茶」の左横にある⊟（［折りたたみ］ボタン）は⊞（［展開］ボタン）に変わります。

2. 「紅茶」の左横にある⊞（［展開］ボタン）をクリックします。

「紅茶」の下にあった［商品名］フィールドと［商品コード］フィールドが展開されます。

つぎに、行ラベルの［分類］フィールドの下位のフィールドを一度にすべて折りたたみます。

3. 行ラベルの［分類］フィールドの見出し（ここでは「紅茶」）を右クリックし、表示されるメニューから［展開/折りたたみ］－［フィールド全体の折りたたみ］をクリックします。

［分類］フィールド全体が折りたたまれます。

同様の操作で、列ラベルの［販売エリア］フィールドの下位のフィールドも折りたたんでおきましょう。

4-8 日付フィールドを使って、月別の売上集計表を作成する

行ラベル・列ラベルの階層構造、ピボットテーブル 〈4_8a〉〈4_8b〉

課題 ▶ 月ごと、四半期ごと、年ごとの売上集計表を作成する

　注文データのリストから、つぎのような月ごと、四半期ごと、年ごとの売上集計表を作成してください。また、行ラベルには［販売エリア］と［店舗名］を指定してください。

3	合計 / 金額	列ラベル ▾										
4		⊟2019年								2019年 集計	⊟2020年	
5		⊟第1四半期			第1四半期 集計	⊞第2四半期	⊞第3四半期	⊞第4四半期			⊟第1四半期	
6	行ラベル ▾	1月	2月	3月							1月	2月	3月
7	⊟埼玉	377,400	196,000	267,300	840,700	875,850	688,150	730,500	3,135,200	211,400	238,600	338,500
8	所沢店	70,800	19,600	29,400	119,800	279,350	60,000	116,400	575,550	18,600	22,500	22,500
9	大宮店	306,600	176,400	237,900	720,900	596,500	628,150	614,100	2,559,650	192,800	216,100	316,000
10	⊟神奈川	92,250	143,750	111,900	347,900	473,450	427,650	452,950	1,701,950	175,100	168,800	220,000
11	横浜店	58,500	72,300	50,800	181,600	297,150	234,750	238,200	951,700	91,000	68,700	84,900
12	川崎店	33,750	71,450	61,100	166,300	176,300	192,900	214,750	750,250	84,100	100,100	135,100
13	⊟千葉	604,400	456,450	348,850	1,409,700	1,944,900	1,527,950	941,900	5,824,450	530,500	527,650	256,400
14	浦安店	321,400	275,250	197,800	794,450	1,085,850	498,100	200,100	2,578,500	88,400	115,250	58,500
15	松戸店	238,500	117,450	92,250	448,200	453,450	564,750	490,550	1,956,950	288,300	277,200	133,900
16	千葉店	44,500	63,750	58,800	167,050	405,600	465,100	251,250	1,289,000	153,800	135,200	64,000
17	⊟東京	409,900	367,750	436,900	1,214,550	1,517,400	1,339,500	1,360,000	5,431,450	403,850	398,100	572,650
18	新宿店	44,200	80,750	61,600	186,550	167,550	360,900	244,300	959,300	69,350	84,000	71,800
19	池袋店	307,500	237,050	241,500	786,050	1,078,500	770,100	818,400	3,453,050	276,000	242,400	422,850
20	品川店	58,200	49,950	133,800	241,950	271,350	208,500	297,300	1,019,100	58,500	71,700	78,000

グループ化

　ピボットテーブルでは、グループ化という機能を利用して、数値や日付のデータを指定した単位や期間（年月など）でまとめて集計することができます。

　グループ化が可能なのは、データが数値あるいは日付のフィールドです。

数値の場合　数値の場合、［グループ化］ダイアログボックスで［先頭の値］、［末尾の値］、［単位］などを指定してグループ化することができます。

　つぎの例では、「価格」を1000円単位の価格帯にグループ化して集計しています。

日付の場合　日付の場合、［グループ化］ダイアログボックスで［開始日］、［最終日］、［単位］などを指定してグループ化することができます。つぎの例では、「日付」を四半期単位にグループ化して集計しています。

操作手順 ピボットテーブルで月別の売上集計表を作成する

ピボットテーブルを利用して月別の売上集計表を作成してみましょう。

1. **リスト内をクリックして、[挿入] タブ [テーブル] の [ピボットテーブル] の上部をクリックします**（サンプルデータは〈4_8a〉）。

［ピボットテーブルの作成］（または［テーブルまたは範囲か
らのピボットテーブル］）ダイアログボックスが表示されます。

2. ［テーブル / 範囲］に集計元になるリストのセル
　範囲が表示されていることを確認したら、［OK］
　ボタンをクリックします。

新しいシートに白紙のピボットテーブルが表示され、
右側に［ピボットテーブルのフィールド］作業ウィン
ドウが表示されます。

3. ［ピボットテーブルのフィールド］作業ウィンド
　ウの［フィールドセクション］から、［販売エリ
　ア］を選択し、［行］エリアにドラッグします。
4. 同様の操作で、［店舗名］を［行］エリアの［販
　売エリア］の下に、［金額］を［値］エリアにド
　ラッグします。

販売エリア別、店舗別の売上集計表のピボットテーブルが作成されます。

値の表示形式を3桁区切りに変更しておきましょう。

5. [値] エリアの [合計 / 金額] をクリックし、[値フィールドの設定] をクリックします。

6. [値フィールドの設定] ダイアログボックスの [表示形式] ボタンをクリックします。

[セルの表示形式] ダイアログボックスが表示されます。

7. ［分類］で［数値］を選択し、［桁区切り（,）を使用する］をチェックして［OK］ボタンをクリックします。

8. ［値フィールドの設定」ダイアログボックスの［OK］ボタンをクリックします。

値が3桁区切りに変更されます。

9. ［ピボットテーブルのフィールド］作業ウィンドウの［フィールドセクション］から、［日付］を選択して、［列］エリアにドラッグします。

［日付］が自動的にグループ化され、ピボットテーブルがグループ化された日付単位で集計されます。［列］エリアの中に［日付］フィールドが追加されます。
※利用しているバージョンや設定によってグループ化される単位が異なるため、追加されるフィールドや集計結果が左図と異なる場合があります。

3	合計 / 金額	列ラベル		
4		⊞2019年	⊞2020年	総計
5				
6	行ラベル			
7	⊟埼玉	3,135,200	3,961,600	7,096,800
8	所沢店	575,550	409,150	984,700
9	大宮店	2,559,650	3,552,450	6,112,100
10	⊟神奈川	1,701,950	1,909,650	3,611,600
11	横浜店	951,700	948,400	1,900,100
12	川崎店	750,250	961,250	1,711,500

ピボットテーブルに四半期ごと、年ごとの集計が表示
されるように設定します。

10. 列ラベルに表示されている任意の年（または月な
    ど）を選択し、［ピボットテーブルツール］［ピボッ
    トテーブル分析］タブ（または［ピボットテーブル分析］
    タブ）［グループ］の［フィールドのグループ化］
    をクリックします。

［グループ化］ダイアログボックスが表示されます。

11. ［四半期］と［年］が選択されていない場合は、
    クリックして選択します。

12. 日付単位の集計は必要ないので、［日］が選択さ
    れている場合は、クリックして選択を解除します。

13. 「月」、「四半期」、「年」が選択できたら、［OK］
    ボタンをクリックします。

月別の売上集計表が作成できました。
全体が見やすいように、[月]のフィールドを折りた
たんでおきましょう。

14. 列ラベルの「第1四半期」を右クリックし、表
    示されるメニューから[展開/折りたたみ]-
    [フィールド全体の折りたたみ]をクリックしま
    す。

会計年度が4月から始まる場合の集計

　日付のグループ化は便利な機能ですが、Excelでは第1四半期が必ず1月から始まるため、会計年度が4月から
始まるような場合は、うまく使うことができません。

　会計年度にあわせて集計を行いたい場合は、集計元のリストに、日付のグループ化に使用するための[会計年
度]フィールドと[四半期]フィールドを手動で追加しておく必要があります。

　リストには、2020年1月から12月までの注文データが入っています。会計年度が4月から始まる場合、日付
と会計年度および四半期の関係はつぎのようになります。

日付	2020/1	2020/2	2020/3	2020/4	2020/5	2020/6	2020/7	2020/8	2020/9	2020/10	2020/11	2020/12
年度	2019			2020								
四半期	第4四半期			第1四半期			第2四半期			第3四半期		

操作手順 会計年度が4月から始まる集計表を作成する

　注文データの日付を元に会計年度に合わせた年度、四半期をリストに入力してから、ピボットテーブルで日付をグループ化して集計しましょう。

1. 「注文データ」シートを表示して、A列の右に新しい列を2列挿入します（サンプルデータは〈4_8b〉）。
2. セル「B1」に「年度」、セル「C1」に「Q」と入力します。

セル「B2」に会計年度を求める数式を入力します。数式はすべて半角で入力します。

3. セル「B2」をクリックし、「=IF(MONTH(D2)<=3, YEAR(D2) − 1, YEAR(D2))」と入力します。

セル「C2」に会計年度に合わせた四半期を求める数式を入力します。

4. セル「C2」をクリックし、「="Q" & CHOOSE(MONTH(D2),4,4,4,1,1,1,2,2,2,3,3,3)」と入力します。

5. セル「B2」とセル「C2」を選択し、フィルハンドルをダブルクリックして、数式をコピーします。

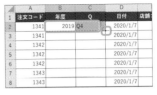

6. リストに［年度］フィールドと［Q］フィールドが追加できたら、「Sheet1」に切り替え、ピボットテーブル内の任意のセルをクリックします。

7. ［ピボットテーブルツール］［ピボットテーブル分析］タブ（または［ピボットテーブル分析］タブ）［データ］の［更新］の上部をクリックします。

ピボットテーブルが更新され、［フィールドセクション］の一覧の中に、先ほどリストに追加した［年度］フィールドと［Q］フィールドが表示されます。

8. ［エリアセクション］の［列］エリアから、［年］フィールドと［四半期］フィールドを［ピボットテーブルのフィールド］作業ウィンドウの外にドラッグして削除します。

9. ［フィールドセクション］の［年度］フィールドを選択して、［列］エリアの［日付］フィールドの上にドラッグします。

10. 同様の操作で、［Q］フィールドを［列］エリアの［年度］フィールドと［日付］フィールドの間にドラッグします。

会計年度に合わせた形でピボットテーブルが集計され
ます。

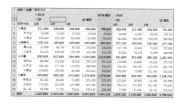

▶ ピボットテーブルの更新

ピボットテーブル作成後に、リストに変更があった場合は、ピボットテーブルを
手動で更新する必要がありますが、設定を変更することで、ファイルを開いたと
きに、自動的にピボットテーブルが更新されるようにすることができます。
自動的にピボットテーブルが更新されるようにするには、[ピボットテーブルツー
ル][ピボットテーブル分析]タブ（または［ピボットテーブル分析］タブ）[ピ
ボットテーブル]の［オプション］をクリックして、［ピボットテーブルオプショ
ン］ダイアログボックスを表示します。［データ］タブの［ファイルを開くときに
データを更新する］をチェックします。

　会計年度と四半期を求める数式の解説

● **会計年度を求める数式**

・MONTH 関数

MONTH（日付）
日付から月の数字（1～12）を返します。
「=MONTH(2020/1/7)」は「1」となります。

・YEAR 関数

YEAR（日付）
日付から年の数字を返します。
「=YEAR(2020/1/7)」は「2020」となります。

・IF 関数

IF（論理式, 真の場合, 偽の場合）
論理式が真の場合は、真の場合の値を返し、偽の場合は偽
の場合の値を返します。
「=IF(MONTH(B2)<=3, YEAR(B2)-1, YEAR(B2))」
セル「B 2」の値が「2020/1/7」の場合、論理式
「MONTH(B2)<=3」(1<=3) が真となるため、戻り値は
「YEAR(B2)-1」(2020 − 1 = 2019) となります。

● **四半期を求める数式：=" Q " & CHOOSE(MONTH (B2),4,4,4,1,1,1,2,2,2,3,3,3)」**

・文字列連結演算子「 & 」

文字列1 & 文字列2
文字列1と文字列2を連結します。
「="Q" & 4」の場合は、「Q 4」となります。

・CHOOSE 関数

CHOOSE（インデックス, 値1, 値2, ..., 値254)
インデックスに対応した順番の値を［値1］～［値254］から
返します。
「=CHOOSE(5, 値1, 値2, ..., 値254)」は5番めに指定した
［値5］となります。

　「=CHOOSE(MONTH(B2),4,4,4,1,1,1,2,2,2,3,3,3)」では、セ
ル「B2」の月が1 月～3 月の場合は「4」、4 月～6 月の場
合は「1」、7 月～9 月の場合は「2」、10 月～12 月の場合は
「3」となります。

本章のまとめ

- 単純集計とは、ひとつの項目に対するデータの実数や比率などを集計することです。データ全体の傾向を把握できます。

- 全体を「性別」や「年齢」のような属性でそれぞれをセグメントして集計することをクロス集計といいます。単純集計の結果を細分化してさらに詳しく分析できます。

- ピボットテーブルを利用すると、大量のデータからマウス操作だけで、単純集計やクロス集計を行うことができます。

- ピボットテーブルで集計を行うためには、集計の元になる表が必要です。この表のことをリストと呼びます。

- 集計を行うには、リストの各フィールドを、集計の基準となる属性フィールドと集計対象となる値フィールドに分類します。

- クロス集計を行う場合は、まず、元となる単純集計表を作成し、できあがった単純集計表を、どの属性で分割して集計したいかを考えるようにします。

- ピボットテーブルでは、日付のデータを「年」、「四半期」、「月」にグループ化して集計できます。

先輩！集計機能や抽出機能についてかなり勉強したので、どんなデータも大丈夫！……だと思ったのですが、先日販促部の先輩からExcelのデータを渡されて、月別、支店別、商品分類別、担当者別など、いろいろな視点で集計するようにいわれたんですよ。
データ量も多いし、どれだけ時間があっても足りない感じでです。どうしたらいいでしょう？

あれ？まだ「ピボットテーブル」を教えていなかったわね。
ピボットテーブルを使えるようになれば、そんな先輩の要望もあっという間に解決できるわよ。
ピボットテーブルについて、まずは基本からしっかり学習しましょう。

第 5 章

スピーディーに集計するための
データ整形のテクニック

5-1 ピボットテーブルで集計できないリストを確認する

〈5_1〉

課題 ▶ ピボットテーブルで集計できないリスト

　この表にはデータの不備があります。そのため、これをそのままピボットテーブルで集計するとエラーになり正しく集計できません。データにどんな不備があるのかを指摘してください。

	A	B	C	D	E	F	G	H	I	J	K
1	日付	注文コード		店舗名	販売エリア		商品名	分類	単価	数量	金額
2	2019/1/7	1101	101	新宿店	東京	C03	ジャスミン茶	中国茶	800	12	9600
3						N02	ほうじ茶	日本茶	1000	7	7000
4		1102	102	池袋店	東京	N 0 3	玉露	日本茶	2500	15	37500
5						C03	ジャスミン茶	中国茶	800	15	12000
6						N 0 3	玉露	日本茶	2500	45	112500
7		1103	103	品川店	東京	N02	焙じ茶	日本茶	1000	6	6000
8						T01	セイロン	紅茶	1800	15	27000
9		1104	104	川崎店	神奈川	N 0 2	ほうじ茶	日本茶	1000	7	7000
10						C02	プーアール茶	中国茶	900	9	8100
11						C02	プーアール茶	中国茶	900	1	900
12											
13	2019/1/7	1105	105	横浜店	神奈川	N 0 3	玉露	日本茶	2500	9	22500
14						C03	ジャスミン茶	中国茶	800	6	4800
15		1106	106	大宮店	埼玉	N01	抹茶	日本茶	5000	30	150000
16						T04	アッサム	紅茶	2200	30	66000
17		1107	107	所沢店	埼玉	N 0 3	玉露	日本茶	2500	10	25000
18						N 0 3	玉露	日本茶	2500	7	17500
19						C 0 2	プーアール茶	中国茶	900	7	6300

解説　フィールド名が空欄になっている箇所がある

　リストの先頭行にはフィールド名が入力されていなければなりません。フィールド名が空欄になっているリストからピボットテーブルを作成しようとすると、つぎのようなエラーメッセージが表示されます。

リストのフィールド名は必ず入力し、空欄のないようにしましょう。

	A	B	C	D	E	F	G	H	I	J	K
1	日付	注文コード		店舗名	販売エリア		商品名	分類	単価	数量	金額
2	2019/1/7	1101	101	新宿店	東京	C03	ジャスミン茶	中国茶	800	12	9600
3						N02	ほうじ茶	日本茶	1000	7	7000

空欄にフィールド名を入力する

	A	B	C	D	E	F	G	H	I	J	K
1	日付	注文コード	店舗番号	店舗名	販売エリア	商品番号	商品名	分類	単価	数量	金額
2	2019/1/7	1101	101	新宿店	東京	C03	ジャスミン茶	中国茶	800	12	9600
3						N02	ほうじ茶	日本茶	1000	7	7000

解説　リストの途中に空白行がある

　リストの途中に空白行があると、ピボットテーブルの集計範囲は空白行の上の行までが対象になり、空白行より下のデータは集計されません。リストの途中に空白行がある場合は、あらかじめ削除しておきましょう。対処方法は 5-4 で詳しく学習します。

	A	B	C	D	E	F	G	H	I	J	K
1	日付	注文コード		店舗名	販売エリア		商品名	分類	単価	数量	金額
2	2019/1/7	1101	101	新宿店	東京	C03	ジャスミン茶	中国茶	800	12	9600
3						N02	ほうじ茶	日本茶	1000	7	7000
4		1102	102	池袋店	東京	N 0 3	玉露	日本茶	2500	15	37500
5						C03	ジャスミン茶	中国茶	800	15	12000
6						N 0 3	玉露	日本茶	2500	45	112500
7		1103	103	品川店	東京	N02	焙じ茶	日本茶	1000	6	6000
8						T01	セイロン	紅茶	1800	15	27000
9		1104	104	リストの途中にある空白行は削除する					1000	7	7000
10									900	9	8100
11						C02	プーアール茶	中国茶	900	1	900
12											
13	2019/1/7	1105	105	横浜店	神奈川	N 0 3	玉露	日本茶	2500	9	22500
14						C03	ジャスミン茶	中国茶	800	6	4800
15		1106	106	大宮店	埼玉	N01	抹茶	日本茶	5000	30	150000
16						T04	アッサム	紅茶	2200	30	66000

解説 リスト内でセルの結合は使用しない

　課題のリストでは、[日付]、[注文コード]、[店舗番号]、[店舗名]、[販売エリア] の各フィールドでセルの結合が設定されています。リストを見やすくするための工夫なのでしょうが、集計対象となるリスト内ではセルの結合を使ってはいけません。

　リスト内に結合されているセルがあると、結合されているセルの先頭行にだけデータが入力されていて、その他の行は空欄として集計されます。

　あらかじめ、リスト内にあるセルの結合はすべて解除し、同じ値を入力しておきましょう。対処方法は 5-4 で詳しく学習します。

セルの結合は解除して、同じ値を入力する

フィールドの値に不要なスペースが入力されている

　リストの［商品名］フィールドの値の前後に、不要なスペースが入力されていることがあります。同じ商品名でもスペースが入力されているものと入力されていないものでは別のものとして集計されるため、集計前には不要なスペースはすべて削除しましょう。対処方法は 5-2 で詳しく学習します。

不要なスペースは削除する

フィールドの値に表記のゆれがある

　フィールドの値に表記のゆれがある場合は、正しく集計できません。つぎの例では、「アールグレー」と「アールグレイ」、「焙じ茶」と「ほうじ茶」は別の商品として集計されてしまいます。

　このように、フィールドの値に表記のゆれがある場合は、集計を行う前に置換機能を使って表記を統一します。

対処方法は 5-3 で詳しく学習します。

D	E	F	G	
農店	千葉	Ｎ０３	玉露	
		T03	アールグレー	
戸店	千葉	T03	アールグレイ	表記は統一する
		T04	アッサム	
		T02	ダージリン	
店	東京	N02	焙じ茶	
		T01	セイロン	
袋店	東京	N02	ほうじ茶	
		Ｎ０３	玉露	
		T03	アールグレイ	

解説 フィールドの値に全角と半角が混在している

　リストの［商品番号］の値に半角のコードと全角の
コードが混在していると正しく集計できません。同じ
コードでも、半角と全角では別のものとして集計され
ますので、集計前にどちらかに統一する必要がありま
す。対処方法は 5-3 で詳しく学習します。

商品番号	
C03	シ
N02	は
Ｎ０３	玉
C03	シ
Ｎ０３	玉
N02	焙

半角か全角のどちらかに統一する

5-2 不要なスペースを一括で取り除く

📖✎ TRIM 関数 〈5 2〉

課題 ▶ フィールドの値の不要なスペースを削除する

　この表の［商品名］フィールドには、値の前後に不要なスペースが入力されているデータが複数あります。

　［商品名］フィールドからこれらの不要なスペースを削除してください。

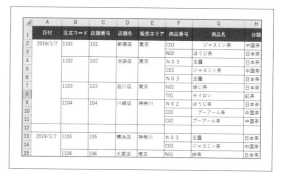

	A	B	C	D	E	F	G	H
1	日付	注文コード	店舗番号	店舗名	販売エリア	商品番号	商品名	分類
2	2019/1/7	1101	101	新宿店	東京	C03	ジャスミン茶	中国茶
3						N02	ほうじ茶	日本茶
4		1102	102	池袋店	東京	N 0 3	玉露	日本茶
5						C03	ジャスミン茶	中国茶
6						N 0 3	玉露	日本茶
7		1103	103	品川店	東京	N02	焙じ茶	日本茶
8						T01	セイロン	紅茶
9		1104	104	川崎店	神奈川	N 0 2	ほうじ茶	日本茶
10						C02	プーアール茶	中国茶
11						C02	プーアール茶	中国茶
12								
13	2019/1/7	1105	105	横浜店	神奈川	N 0 3	玉露	日本茶
14						C03	ジャスミン茶	中国茶
15		1106	106	大宮店	埼玉	N01	抹茶	日本茶

操作手順 フィールドの値の不要なスペースを削除する

1. H列を選択して、[ホーム] タブ [セル] の [セルの挿入] の上部をクリックします。

新しい列が挿入されます。

2. セル「H2」をクリックし、「=TRIM(」と入力した後、セル「G2」をクリックして [Enter] キーを押します。

セル「H2」に「=TRIM(G2)」と入力され、セル「G2」の値からスペースが削除された値が表示されます。

3. セル「H2」を選択し、フィルハンドルをセル「H203」までドラッグして、数式をコピーします。

H列にG列の値から前後のスペースが削除された値が表示されます。

4. H列のデータ（「H2：H203」）が選択されている状態で [ホーム] タブ [クリップボード] の [コピー] をクリックします。

5. セル「G2」をクリックし、[貼り付け] の▼をク
   リックして、[値の貼り付け] の [値] をクリッ
   クします。

G 列に H 列の値がコピーされます。

作業用に追加した H 列は不要となりますので、H 列
を削除します。

6. H列を選択し、[ホーム] タブ [セル] の
   [セルの削除] の上部をクリックします。

H 列が削除されます。

▶ スペースを削除する TRIM 関数

TRIM 関数を使用すると、単語間のスペースを残し、
指定した文字列に含まれる前後のスペースを削除できます。

【TRIM 関数の数式】
=TRIM(文字列)

5-3 データの表記のゆれを整える

| 課題 | 表記のゆれを統一する　全角の文字列を半角に変換する |

　この表の［商品名］フィールドの値の中に、「アールグレー」と「アールグレイ」、「焙じ茶」と「ほうじ茶」と、同じ商品にも関わらず異なる表記で入力されているものがあります。

　それぞれ、「アールグレイ」と「ほうじ茶」に値を統一してください。また、［商品番号］の中にある全角のコードを半角に統一してください。

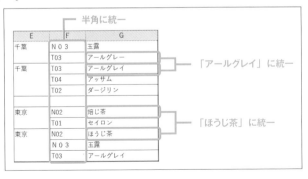

表記のゆれのある値をひとつに統一する

1. G列を選択して、[ホーム]タブ[編集]の[検索と選択]をクリックし、[置換]をクリックします。

[検索と置換]ダイアログボックスが表示されます。
2. [置換]タブの[検索する文字列]に「アールグレー」と入力し、[置換する文字列]に「アールグレイ」と入力したら、[すべて置換]ボタンをクリックします。

「7件を置換しました。」のメッセージが表示されます。
3. [OK]ボタンをクリックします。

4. 同様の操作で、「焙じ茶」をすべて「ほうじ茶」に置換します。
「9件を置換しました。」のメッセージが表示されたら、[OK]ボタンをクリックします。

5. ［検索と置換］ダイアログボックスの［閉じる］
   ボタンをクリックして、ダイアログボックスを閉
   じます。

「アールグレイ」と「ほうじ茶」の表記が統一されました。

操作手順 全角の文字列を半角に変換する

ASC 関数を使って［商品番号］の中にある全角のコー
ドを半角に変更します。

1. **G 列を選択し、［ホーム］タブ［セル］の［セル
   の挿入］の上部をクリックします。**

新しい列が挿入されます。

2. **セル「G2」をクリックし、「=ASC(」と入力したあと、
   セル「F2」をクリックして　Enter　キーを押します。**

セル「G2」に「=ASC(F2)」と入力されます。

3. **セル「G2」を選択し、フィルハンドルをセル
   「G203」までドラッグして数式をコピーします。**

4. **G 列のデータ（「G2：G203」）が選択されている状
   態で［ホーム］タブ［クリップボード］の［コ
   ピー］をクリックします。**

5. セル「F2」をクリックし、[貼り付け] の▼をク
   リックして、[値の貼り付け] の [値] をクリッ
   クします。

F 列に G 列の値がコピーされます。

作業用に追加した G 列は不要となりますので、G 列を削除します。

6. G 列を選択し、[ホーム] タブ [セル] の [セルの削除] の上部をクリックします。

▶ **全角の文字列を半角に変換する ASC 関数**

ASC 関数を使用すると、指定した文字列に含まれる全角英数カナを半角に変換できます。

【ASC 関数の数式】
=ASC(文字列)

5-4 セル結合されている表を集計可能なリストに一気に変換する

Power Query　　　〈5 4〉

課題 ▶ リストからセル結合を解除する

セル結合を解除し、空白行をすべて削除してください。

また、セル結合が解除され空欄となったセルには、同じ値を入力してください。

	A	B	C	D	E	F	G	H	I	J	K
1	日付	注文コード	店舗番号	店舗名	販売エリア	商品番号	商品名	分類	単価	数量	金額
2	2019/1/7	1101	101	新宿店	東京	C03	ジャスミン茶	中国茶	800	12	9600
3						N02	ほうじ茶	日本茶	1000	7	7000
4		1102	102	池袋店	東京	N03	玉露	日本茶	2500	15	37500
5						C03	ジャスミン茶	中国茶	800	15	12000
6						N03	玉露	日本茶	2500	45	112500
7		1103	103	品川店	東京	N02	ほうじ茶	日本茶	1000	6	6000
8						T01	セイロン	紅茶	1800	15	27000
9		1104	104	川崎店	神奈川	N02	ほうじ茶	日本茶	1000	7	7000
10						C02	プーアール茶	中国茶	900	9	8100
11						C02	プーアール茶	中国茶	900	1	900
12											
13	2019/1/7	1105	105	横浜店	神奈川	N03	玉露	日本茶	2500	9	22500
14						C03	ジャスミン茶	中国茶	800	6	4800
15		1106	106	大宮店	埼玉	N01	抹茶	日本茶	5000	30	150000
16						T04	アッサム	紅茶	2200	30	66000
17		1107	107	所沢店	埼玉	N03	玉露	日本茶	2500	10	25000

152

Power Query とは

Power Query は、Excel2016 から標準搭載になった、データの取り込みと整形を行うためのツールです。

Power Query を利用すると、ファイルやデータベース、オンラインサービス等からデータを読み込み、簡単な操作で、データを変換・加工して Excel のシートに出力することができます。

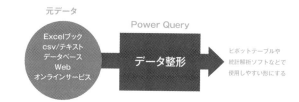

Power Query を使用してデータの取り込みと整形を実行すると自動的にクエリが作成されます。クエリには、元データがある場所とそのデータの取り込み手順、データ整形の操作手順がすべて記録されています。今の時点では、マクロの記録と似たような機能だと理解しておけばよいでしょう。

Power Query で行った操作はクエリに記録されているため、元データに変更があった場合も、クエリを再度実行するだけで、自動的に変更されたデータが整形された状態で Excel に読み込むことができます。

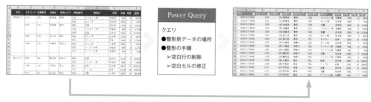

元データが修正されてもクエリを実行すれば、修正されたデータが整形されてExcelに読み込まれる

Power Query エディターの画面構成

Power Query で取り込んだデータは Power Query エディターで編集します。

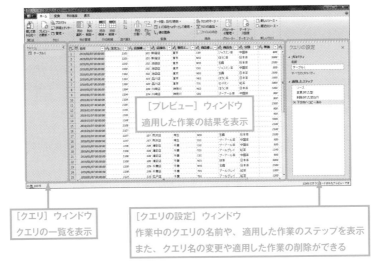

[プレビュー] ウィンドウ
適用した作業の結果を表示

[クエリ] ウィンドウ
クエリの一覧を表示

[クエリの設定] ウィンドウ
作業中のクエリの名前や、適用した作業のステップを表示
また、クエリ名の変更や適用した作業の削除ができる

操作手順 セルの結合の解除、空白行の削除、空白のセルに値を入力する

Power Query を使用してリストからセルの結合を解除します。

Power Query でデータを読み込みます。

1. **Excel を起動し、空白のブックを表示します。**

2. **[データ]タブ[データの取得と変換]の［データの 取得]をクリックし、[ファイルから]−[ブックから]（または[Excelブックから]）をクリックします。**

2016

2. **[データ] タブ [取得と変換] の [新しいクエリ] をクリックし、[ファイルから] − [ブックから]（または[Excelブックから]）をクリックします。**

[データの取り込み] ダイアログボックスが表示され ます。

3. **[インポート]（または [OK]）ボタンをクリックし ます**（サンプルデータは〈5_4〉）。

[ナビゲーター] ウィンドウが表示されます。

4. **データが入っているシート名**（[注文データ]）**をク リックします。**

取り込むデータのプレビューが右側の画面に表示され ます。

5. **[データの変換] ボタンをクリックします。**

Power Query エディターが起動し、注文データが読み込まれます。

読み込まれたデータを見ると、セルの結合は自動的に解除され、セルの結合が解除された後の空白セルが、「null」という表示になっています。null（ヌル）とは何のデータも入力されていない状態をさす用語です。

まず、空白行を削除します。すべてのフィールドが「null」と表示されている行が空白行です。

6.［ホーム］タブ［行の削減］の［行の削除］をクリックし、［空白行の削除］をクリックします。

リスト内のすべての空白行が削除されます。

つぎに、空欄になっているセルに値を入力します。

7.［日付］の列見出しをクリックします。

［日付］の列全体が選択されます。

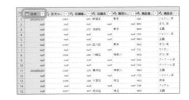

8. [Shift] **キーを押しながら、[販売エリア]の列**
   見出しをクリックします。

[日付]列から［販売エリア］列までの5列が選択さ
れます。

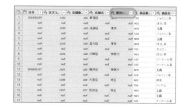

9. **［変換］タブ［任意の列］の［フィル］をクリッ**
   クし、[下]（または「下へ」）をクリックします。

選択されている列のセルの値が下方向に隣接する空の
セルにコピーされ、空欄だったセルに値が入力されます。

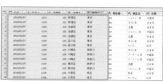

整形が終了したので、整形したリストをワークシート
に読み込みます。

10. **［ホーム］タブ［閉じる］の［閉じて読み込む］**
   の上部をクリックします。

Power Query エディターが終了し、新しいシートに
Power Query エディターで整形したデータがテーブ
ルとして読み込まれます。

[クエリと接続]（Excel2016では、［ブッククエリ]）作業
ウィンドウに［注文データ］クエリが表示されます。

11. ［ファイル］タブから［名前を付けて保存］を選択
し、「注文データ整形済み」という名前で保存します。

Power Query エディターでは、操作の手順が自動的にステップとして記録され、[クエリの設定] ウィンドウの [適用したステップ] に表示されます。

Power Query エディターには、Excel の [元に戻す] ボタンや [やり直し] ボタンはないため、操作を間違えた場合は、[適用したステップ] に記録された手順を削除します。

各手順をマウスでポイントすると、ステップ名の左側に ✕ マークが表示されます。

✕ マークをクリックすると手順を削除することができます。

ただし、途中の手順だけを削除すると、あとに記録された手順が正しく動作しない場合があるので、[適用したステップ] の下にある手順から順番に削除します。

手順を削除すると、[プレビュー] ウィンドウに表示されるデータも [適用したステップ] に表示されている手順までの状態に戻ります。

【例】[削除された空白行] の手順が不要な場合

つぎの手順で削除します。

1. [下方向へコピー済み] を削除

2. [削除された空白行] を削除

※ Power Query については第 7 章でさらに詳しく学習します。

本章のまとめ

- つぎのようなリストは、ピボットテーブルでは正しく集計することができません。集計前に整形するようにしましょう。
    - ・リストの先頭行にフィールド名が入力されていない
    - ・リストの途中に空白行がある
    - ・リスト内でセルが結合されている
    - ・フィールドの値に不要なスペースがある
    - ・フィールドの値に表記のゆれがある
    - ・フィールドの値に全角と半角が混在している
- TRIM 関数を使うと、値の前後にある全角や半角のスペースをまとめて削除できます。
- CLEAN 関数を使うと、セル内の改行を一気に削除できます。
- リストに入力されているフィールドの値に表記のゆれがある場合は、置換機能を使って表記を統一します。
- ASC 関数を使うと、指定した文字列に含まれる全角英数カナを半角に変換できます。
- JIS 関数を使うと、指定した文字列に含まれる半角英数カナを全角に変換できます。
- TEXT 関数を使うと、「yyyymmdd」の 8 桁の文字列を日付データ（シリアル値）に変換できます。
- Power Query エディターを使うと、面倒なデータ整形や変換を簡単に行うことができます。

第 6 章

ピボットテーブルを使いこなして
瞬速で集計する

ピボットテーブル（集計方法）   〈6_1〉

課題 ▶ 商品別の注文件数と平均注文金額を求める

　この表には商品別の売上金額を集計したピボット
テーブルが作成されています。このピボットテーブル
につぎの表のように注文件数と1注文あたりの平均
金額の集計フィールドを追加してください。

　また、作成したピボットテーブルを平均注文金額の
降順に並べ替えてください。

3	行ラベル ↓	売上金額	注文件数	平均注文金額
4	抹茶	8,845,000	101	87,574
5	玉露	4,380,000	112	39,107
6	アッサム	3,995,200	105	38,050
7	セイロン	3,313,800	102	32,488
8	ダージリン	2,707,500	110	24,614
9	烏龍茶	2,392,500	109	21,950
10	アールグレイ	2,313,600	111	20,843
11	プーアール茶	1,909,800	118	16,185
12	ほうじ茶	1,744,000	109	16,000
13	ジャスミン茶	1,383,200	108	12,807
14	総計	32,984,600	1,085	30,401

操作手順 商品別の注文件数を求める

シートのピボットテーブルに注文件数の集計フィールドを追加します。

1. シートを開きます（サンプルデータは〈6_1〉）。
「Sheet1」には「注文データ」シートのリストを元に商品別の売上金額を集計したピボットテーブルが作成されています。

集計内容がわかるように、列ラベルを変更しておきます。

2. セル「B3」をダブルクリックし、[値フィールドの設定] ダイアログボックスの [名前の指定] ボックスに「売上金額」と入力して、[OK] ボタンをクリックします。

▶[値フィールドの設定] ダイアログボックス

ピボットテーブルの項目名をダブルクリックすると、[値フィールドの設定] ダイアログボックスが表示され、項目名や集計方法などを変更することができます。

売上金額の集計フィールドを追加します。

3. ピボットテーブル内をクリックし、[ピボットテー

ブルのフィールド]作業ウィンドウの[フィール
ドセクション]から[金額]を選択して、[値]
エリアの[売上金額]の下にドラッグします。

追加した売上金額の集計フィールドを注文件数に変更
します。

4. 追加した[合計 / 金額]をクリックし、[値フィー
   ルドの設定]をクリックします。

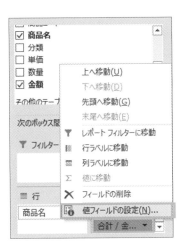

[値フィールドの設定]ダイアログボックスが表示さ
れます。

5. [集計方法]タブ[選択したフィールドのデータ]
   で[個数]をクリックします。
6. [名前の指定]ボックスの文字を「注文件数」に
   変更します。

桁区切りを設定します。

7. ［表示形式］ボタンをクリックします。

［セルの書式設定］ダイアログボックスが表示されます。

8. ［分類］で［数値］を選択し、［桁区切り（,）を使用する］をチェックして、［OK］ボタンをクリックします。

9. ［値フィールドの設定］ダイアログボックスの［OK］ボタンをクリックします。

ピボットテーブルに注文数の集計フィールドが追加されます。

▶ 見出しの名前が重複した場合

見出しを同じ名前で追加した場合は、「売上合計2」など最後に数字が追加されて表示されます。

3	行ラベル	売上金額	注文件数
4	アールグレイ	2,313,600	111
5	アッサム	3,995,200	105
6	ジャスミン茶	1,383,200	108
7	セイロン	3,313,800	102
8	ダージリン	2,707,500	110
9	プーアール茶	1,909,800	118
10	ほうじ茶	1,744,000	109
11	烏龍茶	2,392,500	109
12	玉露	4,380,000	112
13	抹茶	8,845,000	101
14	総計	32,984,600	1,085

ピボットテーブルの集計方法にはつぎの種類があります。いずれも［値フィールドの設定］ダイアログボックスの［集計方法］タブから設定することができます。

集計方法	内容
合計	数値フィールドを対象に合計を求める
個数（データの個数）	なんらかのデータが入力されているセルの個数を求める。文字列のフィールドも集計できる
平均	数値フィールドを対象に平均を求める
最大（最大値）	数値フィールドを対象に最大値を求める
最小（最小値）	数値フィールドを対象に最小値を求める
積	数値フィールドを対象にセルに入力されている数値を乗算した値を求める
数値の個数	数値が入力されているセルの個数を求める
標本標準偏差	数値フィールドを対象に標本標準偏差を求める
標準偏差	数値フィールドを対象に標準偏差を求める
標本分散	数値フィールドを対象に標本分散を求める
分散	数値フィールドを対象に分散を求める

操作手順 平均注文金額を求め、平均注文金額の降順に並べ替える

さらに、ピボットテーブルに1注文当たりの平均金額の集計フィールドを追加します。

1. ［ピボットテーブルのフィールド］作業ウィンドウの［フィールドセクション］から［金額］を選択し、［値］エリアの［注文件数］の下にドラッグします。

2. 追加した［合計 / 金額］をクリックし、［値フィールドの設定］をクリックします。

［値フィールドの設定］ダイアログボックスが表示されます。

3. ［集計方法］タブ［選択したフィールドのデータ］で［平均］をクリックします。

4. ［名前の指定］ボックスの文字を「平均注文金額」に変更します。

5. ［表示形式］ボタンをクリックします。

［セルの書式設定］ダイアログボックスが表示されます。

6. ［分類］で［数値］を選択し、［桁区切り（,）を使用する］をチェックして、［OK］ボタンをクリックします。

7. ［値フィールドの設定］ダイアログボックスの［OK］ボタンをクリックします。

ピボットテーブルに平均注文金額の集計フィールドが追加されます。

ピボットテーブルを平均注文金額の高い順（降順）に並べ替えておきましょう。

3	行ラベル	売上金額	注文件数	平均注文金額
4	アールグレイ	2,313,600	111	20,843
5	アッサム	3,995,200	105	38,050
6	ジャスミン茶	1,383,200	108	12,807
7	セイロン	3,313,800	102	32,488
8	ダージリン	2,707,500	110	24,614
9	プーアール茶	1,909,800	118	16,185
10	ほうじ茶	1,744,000	109	16,000
11	烏龍茶	2,392,500	109	21,950
12	玉露	4,380,000	112	39,107
13	抹茶	8,845,000	101	87,574
14	総計	32,984,600	1,085	30,401

8. ［平均注文金額］の値部分のセルを選択し、［データ］タブ［並べ替えとフィルター］の［降順］をクリックします。

抹茶の平均注文金額がとびぬけて高いことがわかります。

3	行ラベル	売上金額	注文件数	平均注文金額
4	抹茶	8,845,000	101	87,574
5	玉露	4,380,000	112	39,107
6	アッサム	3,995,200	105	38,050
7	セイロン	3,313,800	102	32,488
8	ダージリン	2,707,500	110	24,614
9	烏龍茶	2,392,500	109	21,950
10	アールグレイ	2,313,600	111	20,843
11	プーアール茶	1,909,800	118	16,185
12	ほうじ茶	1,744,000	109	16,000
13	ジャスミン茶	1,383,200	108	12,807
14	総計	32,984,600	1,085	30,401

6-2 数式を使わずに売上比率を集計する

 ピボットテーブル（計算の種類） 〈6.2〉

課題 ▶ 店舗別の売上比率を求める

　この表には、店舗別の売上金額を集計したピボットテーブルが作成されています。このピボットテーブルに各店舗の売上比率を集計して追加してください。

　売上比率はパーセント表示にし、小数点以下第1位まで表示します。

　また、売上比率の大きい順（降順）にデータを並べ替えてください。

3	行ラベル	売上金額	売上比率
4	池袋店	7,760,750	23.5%
5	大宮店	6,112,100	18.5%
6	松戸店	4,253,450	12.9%
7	浦安店	3,715,100	11.3%
8	千葉店	2,491,600	7.6%
9	品川店	2,081,550	6.3%
10	新宿店	1,973,750	6.0%
11	横浜店	1,900,100	5.8%
12	川崎店	1,711,500	5.2%
13	所沢店	984,700	3.0%
14	総計	32,984,600	100.0%

操作手順 店舗別の売上比率を求める

1. ピボットテーブル内をクリックします。

2. ［ピボットテーブルのフィールド］作業ウィンド ウの［フィールドセクション］から［金額］を選 択し、［値］エリアの［売上金額］の下にドラッ グします。

3. 追加した［合計 / 金額］をクリックし、［値フィー ルドの設定］をクリックします。

［値フィールドの設定］ダイアログボックスが表示されます。

4. ［名前の指定］を「売上比率」に変更し、［計算の種類］タブをクリックします。

5. ［計算の種類］ボックスの▼をクリックし、［総計に対する比率］をクリックします。

6. ［表示形式］ボタンをクリックします。

［セルの書式設定］ダイアログボックスが表示されます。

7. 「パーセンテージ」が選択されていることを確認して［小数点以下の桁数］を「1」に変更し、［OK］ボタンをクリックします。

8. ［値フィールドの設定］ダイアログボックスの［OK］ボタンをクリックします。

店舗別の売上集計表に各店舗の売上比率が追加されます。

3	行ラベル	売上金額	売上比率
4	浦安店	3,715,100	11.3%
5	横浜店	1,900,100	5.8%
6	所沢店	984,700	3.0%
7	松戸店	4,253,450	12.9%
8	新宿店	1,973,750	6.0%
9	千葉店	2,491,600	7.6%
10	川崎店	1,711,500	5.2%
11	大宮店	6,112,100	18.5%
12	池袋店	7,760,750	23.5%
13	品川店	2,081,550	6.3%
14	総計	32,984,600	100.0%

［売上比率］を大きい順（降順）に並べ替えておきましょう。

9. ［売上比率］の値部分のセルを選択し、［データ］タブ［並べ替えとフィルター］の［降順］をクリックします。

売上のもっとも高い店舗は池袋店で、全体の23.5%を占めています。次いで大宮店、松戸店、浦安店の売上が高いことがわかります。

3	行ラベル	売上金額	売上比率
4	池袋店	7,760,750	23.5%
5	大宮店	6,112,100	18.5%
6	松戸店	4,253,450	12.9%
7	浦安店	3,715,100	11.3%
8	千葉店	2,491,600	7.6%
9	品川店	2,081,550	6.3%
10	新宿店	1,973,750	6.0%
11	横浜店	1,900,100	5.8%
12	川崎店	1,711,500	5.2%
13	所沢店	984,700	3.0%
14	総計	32,984,600	100.0%

ピボットテーブルの［値フィールドの設定］ダイアログボックスで指定できる計算の種類にはつぎのようなものがあります。

計算の種類	内容
総計に対する比率	レポートのすべての値またはデータ要素の総計に対する比率
列集計に対する比率	列の合計に対する比率
行集計に対する比率	行の合計に対する比率
基準値に対する比率	基準値に設定した値に対する比率。たとえば浦安店の売上を 100％としたときの各店舗の売上比率
親行集計に対する比率	親行の集計に対する比率。たとえば、販売エリアが店舗名の親行（左側）に設定されている場合、販売エリア（例：埼玉エリア）の中の店舗（例：大宮店）の売上比率などが求められる
親列集計に対する比率	親列の集計に対する比率
親集計に対する比率	選択した基準フィールドの親アイテムの値との比率
基準値との差分	基準値に設定した値との差分
基準値との差分の比率	基準値に設定した値に対する差分の比率
累計	累計の値
比率の累計	累計の比率
昇順での順位	値の順位。最小のアイテムの順位が 1 と表示され、以降値が大きくなるにつれて順位の値が大きくなる
降順での順位	値の順位。最大のアイテムの順位が 1 と表示され、以降値が小さくなるにつれて順位の値が大きくなる
指数（インデックス）	((セルの値) x (総計)) / ((行の総計) x (列の総計))

数式を使わずに累計と累計比率を集計する

 ピボットテーブル（累計・累計比率） 〈6_3〉

課題 売上金額の累計と累計比率を求める

　この表には、各店舗の売上金額を集計したピボットテーブルが作成されています。

　重要店舗を可視化したいので、ピボットテーブルを売上金額の高い順に並べ替え、売上金額の累計と累計比率を求めてください。

　累計比率はパーセント表示にし、小数点以下第1位まで表示します。

3	行ラベル ↓	売上金額	累計	累計比率
4	池袋店	7,760,750	7,760,750	23.5%
5	大宮店	6,112,100	13,872,850	42.1%
6	松戸店	4,253,450	18,126,300	55.0%
7	浦安店	3,715,100	21,841,400	66.2%
8	千葉店	2,491,600	24,333,000	73.8%
9	品川店	2,081,550	26,414,550	80.1%
10	新宿店	1,973,750	28,388,300	86.1%
11	横浜店	1,900,100	30,288,400	91.8%
12	川崎店	1,711,500	31,999,900	97.0%
13	所沢店	984,700	32,984,600	100.0%
14	総計	32,984,600		

操作手順 売上金額の累計を求める

　ピボットテーブルの売上金額を降順に並べ替え、売上金額の累計を表示します。

1. 最初に、ピボットテーブルを売上金額の降順に並べ替えておきます。

2. シートのピボットテーブルの［売上金額］が表示されている値部分のセルを選択し、［データ］タブ［並べ替えとフィルター］の［降順］ボタンをクリックします。

ピボットテーブルが売上金額の降順に並び替わります。

3. ［ピボットテーブルのフィールド］作業ウィンドウの［フィールドセクション］から［金額］を選択し、［値］エリアの［売上金額］の下にドラッグします。

4. 追加した［合計／金額］をクリックし、［値フィールドの設定］をクリックします。

［値フィールドの設定］ダイアログボックスが表示されます。

5. ［名前の指定］を「累計」に変更し、［計算の種類］タブをクリックします。

6. ［計算の種類］ボックスの▼をクリックし、［累計］をクリックします。

7. ［表示形式］ボタンをクリックします。

［セルの書式設定］ダイアログボックスが表示されます。

8. ［分類］で［数値］を選択し、［桁区切り (,) を使用する］をチェックして、［OK］ボタンをクリックします。

9. ［値フィールドの設定］ダイアログボックスの［OK］ボタンをクリックします。

ピボットテーブルに売上金額の累計の集計列が追加されます。

つぎに売上の累計比率を求めます。

3	行ラベル	売上金額	累計
4	池袋店	7,760,750	7,760,750
5	大宮店	6,112,100	13,872,850
6	松戸店	4,253,450	18,126,300
7	浦安店	3,715,100	21,841,400
8	千葉店	2,491,600	24,333,000
9	品川店	2,081,550	26,414,550
10	新宿店	1,973,750	28,388,300
11	横浜店	1,900,100	30,288,400
12	川崎店	1,711,500	31,999,900
13	所沢店	984,700	32,984,600
14	総計	32,984,600	

売上金額の累計比率を求める

売上金額の累計比率を表示します。

1. ［ピボットテーブルのフィールド］作業ウィンドウの［フィールドセクション］から［金額］を選択し、［値］エリアの［累計］の下にドラッグします。
2. 新しく追加した［合計 / 金額］をクリックし、［値フィールドの設定］をクリックします。

［値フィールドの設定］ダイアログボックスが表示されます。

3. ［名前の指定］を「累計比率」に変更し、［計算の種類］タブをクリックします。
4. ［計算の種類］ボックスの▼をクリックし、［比率の累計］をクリックします。
5. ［表示形式］ボタンをクリックします。

［セルの書式設定］ダイアログボックスが表示されます。

6. ［分類］から［パーセンテージ］を選択します。
7. ［小数点以下の桁数］を「1」に変更して、［OK］
   ボタンをクリックします。
8. ［値フィールドの設定］ダイアログボックスの
   ［OK］ボタンをクリックします。

ピボットテーブルに累計比率の集計フィールドが追加
されます。

池袋店、大宮店、松戸店、浦安店、千葉店の 5 店舗
で全店の売上の 70％以上をしめていることがわかり
ます。

3	行ラベル	売上金額	累計	累計比率
4	池袋店	7,760,750	7,760,750	23.5%
5	大宮店	6,112,100	13,872,850	42.1%
6	松戸店	4,253,450	18,126,300	55.0%
7	浦安店	3,715,100	21,841,400	66.2%
8	千葉店	2,491,600	24,333,000	73.8%
9	品川店	2,081,550	26,414,550	80.1%
10	新宿店	1,973,750	28,388,300	86.1%
11	横浜店	1,900,100	30,288,400	91.8%
12	川崎店	1,711,500	31,999,900	97.0%
13	所沢店	984,700	32,984,600	100.0%
14	総計	32,984,600		

　このように、ピボットテーブルを利用すれば、売上金額の累計と累計比率を簡単に集計することができます。累計や累計比率は第 8 章で学習するパレート図の作成や ABC 分析の際に必要となる集計です。
　累計比率の集計方法をしっかりと覚えておきましょう。

　ABC分析とは、対象を重要度別にA・B・Cの3段階に分類して考える方法です。重点分析ともよばれます。
分類分けの数値は対象によって変わることもありますが、多くの場合は、つぎの数値が使われます。

Aグループ：累計売上割合が70%まで
Bグループ：累計売上割合が70%～90%
Cグループ：累計売上割合が90%～100%

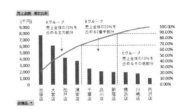

　このデータの場合は、つぎのように分類できます。

Aグループ	池袋店、大宮店、松戸店、浦安店
Bグループ	千葉店、品川店、新宿店
Cグループ	横浜店、川崎店、所沢店

6-4 レポートフィルターを使用して瞬時にデータを抽出する

📖 ピボットテーブル（レポートフィルター） 〈6_4〉

課題 ▶ 特定の店舗の商品別売上を集計する

この表には、2019年から2020年の毎月の全店舗の売上を商品別に集計したピボットテーブルが作成されています。

池袋店の状況を確認したいので、池袋店のデータだけを抽出して集計してください。

また、各店舗の売上を確認したいので、右の表のように、店舗ごとにシートを分けて売上集計表を作成してください。

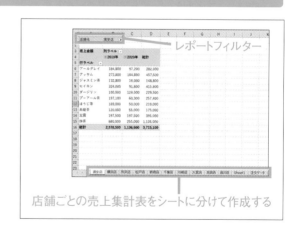

レポートフィルター

店舗ごとの売上集計表をシートに分けて作成する

操作手順

池袋店のデータだけを 抽出して集計する

1. ピボットテーブル内をクリックします。

2. ［ピボットテーブルのフィールド］作業ウィンド
   ウの［フィールドセクション］から［店舗名］を
   選択し、［フィルター］エリアにドラッグします。

シートの1行めに［店舗名（すべて）］と表示されます。
これがレポートフィルターです。

3. レポートフィルターの▼をクリックし、［池袋店］
   を選択して、［OK］ボタンをクリックします。

レポートフィルターの表示が［店舗名 池袋店］に変わり、ピボットテーブルが池袋店の集計結果に変わります。

▶ 複数の店舗の集計をしたい場合

レポートフィルターで店舗を選択する際、［複数のアイテムを選択］をチェックすると、複数の項目を選択することができます。

解説 レポートフィルターページの表示

　レポートフィルターを使用すると、特定の店舗の売上データだけを確認するには便利ですが、複数の店舗の売上を比較したい場合には、そのつどレポートフィルターの設定を変更する必要があるため少々めんどうです。

　このような場合は、レポートフィルターページを表示します。レポートフィルターページを表示すると、レポートフィルターで選択できる項目ごとに集計したピボットテーブルを一度に作成し、シートに分けて表示してくれます。

店舗ごとにシートを分けて集計表を作成する

1. レポートフィルターの▼をクリックし、[すべて]を選択して、[OK] ボタンをクリックします。
2. ピボットテーブル内をクリックします。
3. [ピボットテーブルツール][ピボットテーブル分析] タブ（または [ピボットテーブル分析] タブ）[ピボットテーブル] の [オプション] の▼をクリックし、[レポートフィルターページの表示] をクリックします。

[レポートフィルターページの表示] ダイアログボックスが表示されます。

4. [レポートフィルターページフィールド] の [店舗名] を選択し、[OK] ボタンをクリックします。

店舗ごとの売上表が自動的に作成されます。

シートを切り替えて、各店舗の売上を確認してみましょう。

6-5 スライサーとタイムラインを使用して特定のデータに切り替える

ピボットテーブル（スライサー、タイムライン） 〈6_5〉

課題 ▶ 特定店舗の特定期間の売上を表示する

　この表には、2019年から2020年の毎月の全店舗の売上を商品別に集計したピボットテーブルが作成されています。

　このピボットテーブルにスライサーとタイムラインを追加して、「2019年12月の新宿店の売上」や「2020年の夏（7月～8月）の大宮店と池袋店の売上」のような集計結果を簡単な操作で切り替えながら確認できるようにしてください。

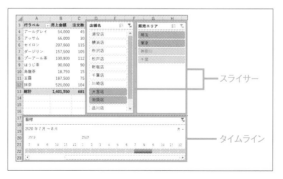

スライサーを追加し、各店舗や販売エリアの売上を集計する

　ピボットテーブルにスライサーを追加して、ピボットテーブルの集計結果を店舗名や販売エリアなどの項目で絞り込んで集計できるようにします。

1. **ピボットテーブル内の任意のセルをクリックします。**
2. **［ピボットテーブルツール］［ピボットテーブル分析］タブ（または［ピボットテーブル分析］タブ）［フィルター］の［スライサーの挿入］をクリックします。**

［スライサーの挿入］ダイアログボックスが表示されます。

3. **［店舗名］と［販売エリア］をチェックし、［OK］ボタンをクリックします。**

［店舗名］と［販売エリア］のスライサーが挿入されます。

4. **ドラッグ操作で、スライサーの位置と大きさを整えます。**

販売エリアが［東京］の集計結果を表示します。

5. **［販売エリア］スライサーの［東京］をクリックします。**

販売エリアが東京である新宿店、池袋店、品川店の3店舗の集計結果が表示されます。

［販売エリア］スライサーでは［東京］が色つき表示になり、［店舗名］スライサーでは販売エリアが［東京］である［新宿店］、［池袋店］、［品川店］が色つき表示になります。

さらに［新宿店］の集計結果に絞り込みます。

6. ［店舗名］スライサーの［新宿店］をクリックします。

▶ スライサーの複数選択ボタン

　スライサーの複数選択ボタン🔲が選択されている場合は、クリックして選択を解除しておきます。

7. ［店舗名］スライサーと［販売エリア］スライサーの 🔽 ［フィルターのクリア］ボタンをそれぞれクリックします。

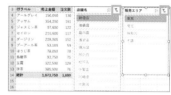

スライサーで設定していたフィルターが解除され、ピボットテーブルにはふたたび全店舗の集計結果が表示されます。つぎに［店舗名］スライサーで［大宮店］と［池袋店］の2店舗を選択します。

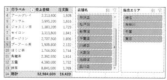

8. ［大宮店］をクリックし、［店舗名］スライサーの 🔲 ［複数選択］ボタンをクリックしてオンにしてから、［池袋店］をクリックします。

ピボットテーブルに、［大宮店］と［池袋店］を合わせた集計結果が表示されます。

操作手順 タイムラインを使用して、特定期間の売上を確認する

ピボットテーブルにタイムラインを追加して、指定した期間の売上金額を集計できるようにします。

スライサーを使用して項目の絞り込みをしている場合は、［フィルターのクリア］ボタン をクリックして、いったんフィルターを解除しておきましょう。

1. **ピボットテーブル内をクリックし、［ピボットテーブルツール］［ピボットテーブル分析］タブ（または［ピボットテーブル分析］タブ）［フィルター］の［タイムラインの挿入］をクリックします。**

［タイムラインの挿入］ダイアログボックスが表示されます。

2. **［日付］をチェックして、［OK］ボタンをクリックします。**

タイムラインが挿入されます。

3. ドラッグ操作で、タイムラインの位置と大きさを整えます。

2020年の7月から8月の集計結果を表示します。

4. タイムラインの2020年の「7月」の部分をクリックし、「8月」の部分までドラッグします。

2020年7月から8月の全店舗の売上データが抽出され、集計結果がピボットテーブルに表示されます。

タイムラインで指定した期間を解除します。

5. タイムラインの ▼ ［フィルターのクリア］ボタンをクリックします。

期間の指定が解除され、ピボットテーブルに全期間の集計結果が表示されます。

6. スライサーとタイムラインを操作して、「2019 年 12 月の新宿店の売上」や「2020 年の夏（7 月〜8 月）の大宮店と池袋店の売上」を確認しておきましょう。

（2019 年 12 月の新宿店の売上）

▶ 時間レベルを変更する

タイムラインの右側にある時間レベル（年、四半期、月、日）を指定すると、指定した時間レベルで選択ができます。
（時間レベル：四半期）

（2020 年 7 月〜8 月の大宮店と池袋店の売上）

6-6 まだある！ピボットテーブル活用術

ピボットテーブル（値フィルター、集計フィールド）　　　　　　〈6_6a〉〈6_6b〉〈6_6c〉

課題 ▶ 2種類の表の違いを探す

商品別の売上金額を集計した2つの店舗の表から、どちらか一方の店舗だけで売上のある商品を抽出してください。

店舗	分類	商品名	金額
A	野菜	アスパラガス	72,000
A	魚介	いかの塩辛	2,800
A	魚介	イクラの醤油漬け	52,500
A	魚介	小エビの刺き身	5,600
A	魚介	タラバガニ詰め合わせ	576,000
A	乳製品	チーズ詰め合わせ	24,000
A	野菜	とうもろこし	75,600
A	魚介	はまぐり	60,000
A	魚介	ふぐのセット	15,000
A	魚介	干貝柱	3,500
A	魚介	冷凍かき	6,000
A	野菜	栗かぼちゃ	40,000
A	魚介	紅鮭	44,000
A	その他	札幌ラーメン詰め合わせ	6,000
A	乳製品	十勝産バター	18,000
A	乳製品	新鮮牛乳	60,000
A	野菜	男爵いも	39,000
A	魚介	特選魚介類詰め合わせ	72,000
A	果物	夕張メロン	100,000

店舗	分類	商品名	金額
B	野菜	アスパラガス	72,000
B	魚介	イクラの醤油漬け	52,500
B	乳製品	燻製チーズ	8,000
B	魚介	小エビの剥き身	5,600
B	乳製品	粉チーズセット	5,500
B	乳製品	スモークチーズ詰め合わせ	5,600
B	魚介	タラバガニ詰め合わせ	576,000
B	乳製品	チーズ詰め合わせ	24,000
B	野菜	とうもろこし	75,600
B	乳製品	飲むヨーグルト	12,000
B	乳製品	ヨーグルトとチーズ	4,800
B	魚介	紅鮭	44,000
B	その他	札幌ラーメン詰め合わせ	6,000
B	乳製品	十勝産バター	18,000
B	乳製品	新鮮牛乳	60,000
B	果物	夕張メロン	100,000

3	個数 / 金額	店舗		
4	商品名	A	B	総計
5	いかの塩辛	1		1
6	スモークチーズ詰め合わせ		1	1
7	はまぐり	1		1
8	ふぐのセット	1		1
9	ヨーグルトとチーズ		1	1
10	飲むヨーグルト		1	1
11	干貝柱	1		1
12	栗かぼちゃ	1		1
13	男爵いも	1		1
14	特選魚介類詰め合わせ	1		1
15	粉チーズセット		1	1
16	冷凍かき	1		1
17	燻製チーズ		1	1
18	総計	8	5	13

2種類の表の違いを探す

2つのシートにある表をひとつの表にまとめます（サンプルデータは〈6_6a〉）。

1. 新しいシートを追加してから、「店舗A」シートのデータセル範囲「A1：D20」をコピーして貼り付けます。
2. 同様に「店舗B」シートのセル範囲「A2：D17」をコピーして、新しいシートに貼り付けた「店舗A」のデータの下に貼り付けます。
3. 作成したリストを元にしてピボットテーブルを挿入します。

白紙のピボットテーブルが表示されます。

店舗別の商品売上データの個数表を作成します。

4. ピボットテーブルの［ピボットテーブルのフィールド］作業ウィンドウの［フィールドセクション］から、［商品名］を［行］エリアに、［店舗］を［列］エリアに、［金額］を［値］エリアにドラッグします。
5. ［値］エリアの「合計／金額」をクリックし、［値フィールドの設定］ダイアログボックスを表示します。

6. [集計方法] タブで [個数] を選択し、[OK] ボタンをクリックします。

総計が「2」になっているところは、両店舗で売上があった商品、「1」のところがどちらか1店舗のみで売上があった商品ということがわかります。

フィールドの見出しをリストのフィールド名にするため、ここでは、ピボットテーブルのレイアウトの形式を表形式に設定しています。

個数 / 金額	店舗		
商品名	A	B	総計
アスパラガス	1	1	2
いかの塩辛	1		1
イクラの醤油漬け	1	1	2
スモークチーズ詰め合わせ		1	1
タラバガニ詰め合わせ	1	1	2
チーズ詰め合わせ	1		1
とうもろこし	1	1	2
はまぐり	1		1
ふぐのセット	1		1
ヨーグルトとチーズ		1	1
飲むヨーグルト		1	1
干貝柱	1		1
栗かぼちゃ	1		1
紅鮭	1	1	2
札幌ラーメン詰め合わせ	1	1	2
十勝産バター	1	1	2

［商品名］の総計が「1」のデータを抽出します。

7. ピボットテーブルの［商品名］のフィルターボタン▼をクリックします。

8. ［値フィルター］から［指定の値に等しい］をクリックします。

［値フィルター］ダイアログボックスが表示されます。

9. ［個数／金額］の右側のボックスに「1」を入力し、［OK］ボタンをクリックします。

1店舗のみで売上のあった商品のリストが作成されます。

3	個数／金額		店舗		
4	商品名		A	B	総計
5	いかの塩辛		1		1
6	スモークチーズ詰め合わせ			1	1
7	はまぐり		1		1
8	ふぐのセット		1		1
9	ヨーグルトとチーズ			1	1
10	飲むヨーグルト			1	1
11	干貝柱		1		1
12	栗かぼちゃ		1		1
13	男爵いも		1		1
14	特選魚介類詰め合わせ		1		1
15	粉チーズセット		1		1
16	冷凍かき		1		1
17	燻製チーズ			1	1
18	総計		8	5	13

課題	売上が上位3店舗だけの表を作成する

2019年から2020年の売上表から、売上金額が上位3店舗だけの表を作成してください。

3	店舗名 ▼	合計 / 金額
4	池袋店	7,760,750
5	大宮店	6,112,100
6	松戸店	4,253,450
7	総計	18,126,300

操作手順 売上が上位3店舗だけの表を作成する

1. 「注文データ」シートを元に白紙のピボットテーブルを挿入します（サンプルデータは〈6_6b〉）。
2. ピボットテーブルの［ピボットテーブルのフィールド］作業ウィンドウの［フィールドセクション］から［店舗名］を［行］エリアに、［金額］を［値］エリアにドラッグします。

店舗別の売上が集計されます。

3. ［行ラベル］の▼をクリックして［値フィルター］
［トップテン］を選択します。

4. ［トップテンフィルター］ダイアログボックスで
項目数を「3」に変更し、［OK］ボタンをクリッ
クします。

［合計／金額］が上位3店舗に変更されます。

売上金額の「降順」で並べ替えておきましょう。
画面では、ピボットテーブルのレイアウトの形式を表
形式に、また値に桁区切りを設定しています。

3	店舗名 ▼	合計 / 金額
4	池袋店	7,760,750
5	大宮店	6,112,100
6	松戸店	4,253,450
7	総計	18,126,300

課題 ▶ **消費税込の売上金額フィールドを新規に作成する**

　ピボットテーブルで集計した売上表が作成されています。このピボットテーブルに消費税込の売上金額フィールド「売上金額（税込）」を追加し計算してください。

3	店舗名 ▾	合計 / 金額	合計 / 売上金額(税込)
4	浦安店	3,715,100	4,086,610
5	横浜店	1,900,100	2,090,110
6	所沢店	984,700	1,083,170
7	松戸店	4,253,450	4,678,795
8	新宿店	1,973,750	2,171,125
9	千葉店	2,491,600	2,740,760
10	川崎店	1,711,500	1,882,650
11	大宮店	6,112,100	6,723,310
12	池袋店	7,760,750	8,536,825
13	品川店	2,081,550	2,289,705
14	**総計**	**32,984,600**	**36,283,060**

操作手順 消費税込の売上金額フィールドを新規に作成する

1. 「**Sheet1**」のピボットテーブルを選択し、［**ピボットテーブルツール**］［**ピボットテーブル分析**］タブ（または［**ピボットテーブル分析**］タブ）［**計算方法**］の［**フィールド / アイテム / セット**］をクリックして、［**集計フィールド**］を選択します（サンプルデータは〈6_6c〉）。

　［集計フィールドの挿入］ダイアログボックスが表示されます。

2. ［名前］に「売上金額（税込）」、［数式］に「＝金額 *1.1」と入力し、［OK］ボタンをクリックします。

「金額」は［フィールド］から「金額」を選択して［フィールドの挿入］ボタンをクリックするか、「金額」をダブルクリックして入力します。

売上金額（税込）のフィールドが追加され、設定した計算が行われて表示されます。

画面ではピボットテーブルのレイアウトの形式を表形式に設定しています。

3	行ラベル	▼ 売上金額	合計 / 売上金額（税込）
4	浦安店	3,715,100	4,086,610
5	横浜店	1,900,100	2,090,110
6	所沢店	984,700	1,083,170
7	松戸店	4,253,450	4,678,795
8	新宿店	1,973,750	2,171,125
9	千葉店	2,491,600	2,740,760
10	川崎店	1,711,500	1,882,650
11	大宮店	6,112,100	6,723,310
12	池袋店	7,760,750	8,536,825
13	品川店	2,081,550	2,289,705
14	総計	32,984,600	36,283,060

▶ 作成した集計フィールドの操作範囲

作成した集計フィールドは、ピボットテーブルの［フィールドセクション］にも追加され、ピボットテーブル内で他のフィールドと同様に操作することができます。

本章のまとめ

- ピボットテーブルの集計方法には、合計のほかに平均、個数、最大値、最小値、標準偏差などがあります。
- ピボットテーブルでは「総計に対する比率」や「列や行の合計に対する比率」、「基準値に対する比率」などの比率の集計を行うことができます。
- レポートフィルターに配置したフィールドの各項目を別シートに分けて一度にピボットテーブルを作成することもできます。
- スライサーを使用すると、クリック操作で項目を切り替えて、集計結果を特定の項目で絞り込むことができます。
- タイムラインを使用すると、ドラッグ操作で期間を指定するだけで、特定の期間内の集計結果を確認することができます。
- ピボットテーブルでは、2つの表を比較してそれぞれの表にしかない項目を抽出したり、フィルターを使用して上位トップ3の項目を抽出したり、すでにあるフィールドを利用して新たに集計用のフィールドを作成したりすることができます。

先輩！上司から頼まれた商品別売上金額の集計をピボット
テーブルで集計して提出したんですけど、受注件数とか、
受注平均売上、売上構成比も出しておくように言われてし
まいました。これらの集計もピボットテーブルでできるの
でしょうか？

心配しないで。ピボットテーブルではいろいろ
な集計が簡単にできるのよ。順番に確認してい
きましょう。

第 7 章

Power Query で準備作業を劇的にスピードアップさせる

7-1 | フォルダー内のすべてのファイルを結合する

Power Query（複数ブックの結合）　　　　　　　〈［売上］フォルダー〉〈［売上2］フォルダー〉

課題 ▶ フォルダー内にある複数ブックを結合する

　［売上］フォルダーの中に北海道フェアの10月と11月の売上データ（10.xlsxと11.xlsx）が2つのファイルに分かれて入っています。［売上］フォルダー内のこれら2つのファイルを結合してひとつのリストにまとめてください。

　つぎに、［売上］フォルダーに［売上2］フォルダー内の12月の売上データ（12.xlsx）を追加して、再度、フォルダー内のファイルを結合してください。

A	B	C	D	E	F	G
番号	受注日	分類	商品名	数量	価格	購入金額

	A	B	C	D	E	F	G
1	番号	受注日	分類	商品名	数量	価格	購入金額
2	1	2020/10/1	乳製品	十勝産バター	12	¥1,500	¥18,000
3	2	2020/10/1	魚介	特選魚介類詰め合わせ	9	¥8,000	¥72,000
4	3	2020/10/1	果物	夕張メロン	20	¥5,000	¥100,000
5	4	2020/10/1	果物	夕張メロン	29	¥5,000	¥145,000
6	5	2020/10/1	魚介	特選魚介類詰め合わせ	22	¥8,000	¥176,000
7	6	2020/10/1	野菜	男爵いも	26	¥1,500	¥39,000
8	7	2020/10/1	魚介	紅鮭	20	¥2,200	¥44,000
9	8	2020/10/1	魚介	特選魚介類詰め合わせ	34	¥8,000	¥272,000
10	9	2020/10/1	乳製品	十勝産バター	13	¥1,500	¥19,500
11	10	2020/10/1	乳製品	十勝産バター	31	¥1,500	¥46,500
12	11	2020/10/6	野菜	栗かぼちゃ	25	¥1,600	¥40,000
13	12	2020/10/6	その他	札幌ラーメン詰め合わせ	3	¥2,000	¥6,000

ひとつのファイルに結合する

フォルダー内のファイルを結合する

最初に、結合対象のファイルの内容を確認します。

1. ［売上］フォルダー内の「10.xlsx」と「11.xlsx」
   を開き、内容を確認したら、ブックを閉じます。

2. Excel を新規に起動して空白のブックを開きます。

3. ［データ］タブ［データの取得と変換］の［デー
   タの取得］をクリックし、［ファイルから］－
   ［フォルダーから］をクリックします。

2016

3. ［データ］タブ［取得と変換］の［新しいクエリ］
   をクリックし、［ファイルから］－［フォルダー
   から］をクリックします。

［参照］ダイアログボックスが表示されます。

4. サンプルファイルの［売上］フォルダーを選択し、
   ［開く］ボタンをクリックします。

［フォルダー］ウィンドウが表示された場合は、［参
照］ボタンをクリックして［売上］フォルダーを選択
します。

指定したフォルダー内のファイルの一覧が表示されます。

5. **ウィンドウ下部の［結合］ボタンをクリックし、［結合および読み込み］を選択します。**

［File の結合］（または［ファイルの結合］）ウィンドウが表示されます。
最初の Excel ブックに含まれるワークシートのリストが表示されます（ブックに複数のワークシートが含まれる場合は、すべてのワークシート名が一覧表示されます）。

6. **結合対象のデータが入っているワークシート（ここでは「Sheet1」）を選択し、［OK］をクリックします。**

▶ ワークシート名が異なる場合は結合できない

［File の結合］ウィンドウで選択したワークシートと同じ名前のワークシートが結合されます。結合対象のワークシート名が異なる場合は、エラーが表示され結合できません。

各ファイルのデータが結合されて、結合結果が新しい
ワークシートにテーブルの形で表示されます。

Power Query を使用して［売上］フォルダー内に入っ
ている 2 つのファイルを結合しました。

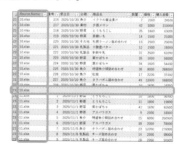

　結合で生じた不要なフィールドなどを削除し、テーブルを整えましょう。
［Source.Name］フィールドは、統合元のファイル名
が表示されているフィールドですが、ここでは不要で
す。また、10 月の売上データと 11 月の売上データの
境界に、不要なレコードがあります。

**7. テーブル内の任意のセルをクリックし、［クエリ
　ツール］［クエリ］タブ（または［クエリ］タブ）［編
　集］の［編集］をクリックします。**

Power Query エディターが起動します。

8. ［**Source.Name**］**列の任意のセルをクリックし、**
　 ［**ホーム**］**タブ**［**列の管理**］**の**［**列の削除**］**の上**
　 部をクリックします。

［Source.Name］フィールド列が削除されます。

10 月の売上と 11 月の売上の間にある「null」と表示
されている不要な行をフィルタリングで取り除きます。

▶「null」とは

「null（ヌル）」とはプログラミング言語やデータベー
スの用語で、何のデータも含まれない状態を指す言葉
です。

9. [番号] の見出し列の▼をクリックし、「(null)」の チェックをはずして、[OK] ボタンをクリックします。

10月の売上と11月の売上の間にある「null」と表示されている不要な行がデータから取り除かれます。

▶ 空白行の削除

[ホーム] タブ [行の削減] の [行の削除] をクリックし、[空白行の削除] をクリックしても削除できます。

10. [ホーム] タブ [閉じる] の [閉じて読み込む] の上部をクリックします。

[Source.Name] 列と不要な行が取り除かれたデータが Excel に読み込まれます。

11. [ファイル] タブの [名前を付けて保存] をクリックし、「ファイル結合」という名前で保存します。

フォルダー内のファイルを結合すると、結合に必要なクエリが自動的に作成されます。
結合後のクエリの修正を行う場合は、「その他のクエリ」にあるクエリを使用します。

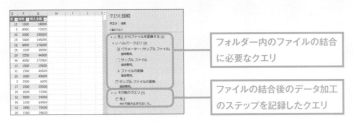

フォルダー内のファイルの結合
に必要なクエリ

ファイルの結合後のデータ加工
のステップを記録したクエリ

操作手順 フォルダーにファイルを追加してデータを更新する

Power Query エディターを使用して結合を行っている場合は、クエリが作成されているので、[売上] フォルダーに新しくファイルが追加された場合も、[更新] ボタンをクリックするだけで簡単にフォルダー内のファイルを結合しなおすことができます。

[売上] フォルダーにファイルを追加して、データを更新してみましょう。

1. [売上 2] フォルダー内の「12.xlsx」を [売上]
   フォルダーにコピーします。

名前	更新日時	種類
10.xlsx	2019/12/10 18:05	Microsoft
11.xlsx	2019/12/10 18:05	Microsoft
12.xlsx	2019/12/10 18:05	Microsoft

結合するファイルのシート名は、結合の際と同様の
「Sheet1」に作成されています。

2. 「ファイル結合.xlsx」を開き、テーブル内をク
リックし、[クエリツール][クエリ]タブ（または
[クエリ]タブ）[読み込み]の［更新]ボタンの上
部をクリックします。

[売上] フォルダーに追加した「12.xlsx」のデータが
追加されます。

7-2 ブック内の複数のワークシートを結合する

課題 ▶ ブック内にある複数のワークシートを結合する

　北海道フェアの 10 月、11 月、12 月の売上データがそれぞれ別のワークシートにテーブルとして保存されています。各ワークシートのテーブルを結合して、ひとつのテーブルにまとめてください（ここではサンプルデータを用いて説明します）。

ひとつのファイルに結合する

操作手順 ブック内にある複数のワークシートを結合する

「7_2.xlsx」を開いて、結合するワークシートの内容を確認しておきましょう。確認が終わったら「7_2.xlsx」は閉じておきます。

- ファイルは北海道フェアの売上データですが、10 月、11 月、12 月のデータがそれぞれ別のワークシートにテーブルとして保存されています。
- 「10 月」シートのテーブルには［備考］フィールドがありますが、「11 月」シート、「12 月」シートのテーブルには［備考］フィールドはありません。
- 「11 月」シートのテーブルでは、［分類］フィールドの位置が右端になっていて、他のシートとフィールドの並び順が異なっています。
- 各シートのテーブル名を確認しておきましょう。

「10 月」シートのテーブル内の任意のセルをクリックし、［テーブルツール］［テーブルデザイン］タブ（または［テーブルデザイン］タブ）［プロパティ］の［テーブル名］でテーブルの名前を確認します。「10 月」シートのテーブル名は、「売上テーブル 10 月」となっています。

- 「11 月」シートおよび「12 月」シートのテーブルについても同様にテーブル名を確認しておきましょう。

ブック内にあるワークシートを結合します。

1. Excel を新規に起動し、空白のブックを開きます。

2. ［データ］タブ［データの取得と変換］の［デー

タの取得］をクリックし、［ファイルから］ー
［ブックから］（または［Excel ブックから］）をクリッ
クします。

2016

2. ［データ］タブ［取得と変換］の［新しいクエリ］
をクリックし、［ファイルから］ー［ブックから］
（または［Excel ブックから］）をクリックします。

［データの取り込み］ダイアログボックスが表示され
ます。

3. サンプルファイルが保存されているフォルダーか
ら「7_2.xlsx」を選択し、［インポート］（または
［OK］）ボタンをクリックします。

［ナビゲーター］ウィンドウが表示されます。
ブックを選択してまとめてインポートします。

4. ブック名の「7_2.xlsx(6)」を選択し、［データの
変換］ボタンをクリックします。

［ナビゲーター］ウィンドウの画面から［複数アイテムの選択］をチェックし、テーブルやシートを個別に選択して結合することもできますが、その方法では、あとでシートやテーブルが追加された場合に更新して結合しなおすことができません。ここでは、シートやテーブルがあとから追加されても簡単に更新できるようにするため、ブックを選択して結合する方法を紹介しています。

Power Query エディターが起動し、選択したブックに含まれるワークシートやテーブルの一覧が表示されます。

Power Query エディターの画面では、オートフィルターの要領で、結合する対象を絞り込むことができます。

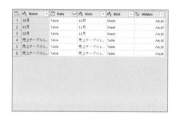

ここでは、テーブルを選択して、各ワークシート上にあるテーブルを結合します。

5. 見出し［Kind］の▼をクリックし、「Sheet」のチェックをはずして、［OK］ボタンをクリックします。

ここで「Sheet」を選択してシートで結合することもできますが、表のタイトル行などの不要なレコードが入り込んでしまうため、「Table」（テーブル）を選択しています。

テーブルのデータは［Data］列に格納されています。

［Data］列だけを残し、他の列を削除します。

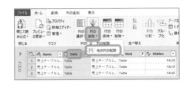

6.［**Data**］**列の見出しをクリックし、**［**ホーム**］**タブ**
   ［**列の管理**］**の**［**列の削除**］**の▼部分をクリックし、**
   ［**他の列の削除**］**をクリックします。**

［Data］列だけが残り、他の列はすべて削除されます。

表示するデータを指定します。

7.［**Data**］**列の見出しにある** **↔** **（展開・集計するボタ**
   ン）をクリックします。

各シートのテーブルに含まれるフィールド名が表示されます。

不要な列がある場合は、フィールド名のチェックをはずします。

8.［**番号**］**フィールド、**［**備考**］**フィールドのチェッ**
   クをはずします。

9.［**元の列名をプレフィックスとして使用します**］
   のチェックをはずして、［**OK**］**ボタンをクリック**
   します。

▶［元の列名をプレフィックスとして使用します］をチェックすると

フィールド名に「Data.」が付いて表示されるため、表示が長くなります。ここではチェックをはずします。

10. [受注日] のフィールド名の左側にある ![ABC123] ボタンをクリックし、[日付] を選択します。

Power Query でデータを読み込むと、各フィールドに適切な書式が設定されますが、「日付」や「001」などの文字列が数字に変換されてしまう場合があります。適切な書式が設定されていない場合は、クエリ画面を表示（[クエリツール] [クエリ] タブの [編集] をクリック、または [クエリ] タブの [編集] をクリック）し、フィールド名の左側にある ![ABC123] ボタンをクリックして書式を設定します。

11. [ホーム] タブ [閉じる] の [閉じて読み込む] ボタンの上部をクリックします。

新しいシートに、サンプルファイル「7_2.xlsx」の各ワークシートに分かれて保存されていた売上データが結合された状態で表示されます。

12. [ファイル] タブの [名前を付けて保存] をクリックし、「シート結合」という名前で保存します。

保存後は「シート結合」ファイルを閉じてください。

操作手順 **元データに新しいワークシートが追加された場合の結合**

　Power Query エディターを使って、データの取り込み、結合、加工を行っておくと、元データの数値が変更されたり、新しいワークシート（新しい月の売上データ）が追加されても、ワンクリックでデータを更新することができます。

　ファイル「7_2.xlsx」に「1月」のワークシートを追加した後に、「シート結合」を更新してみましょう。

ここではクエリの元データとなる「7_2.xlsx」に新規のシートを作成する代わりに、データをコピーします。

1. 「7_2.xlsx」と「7_2_1月シート .xlsx」を開きます。

「7_2_1月シート .xlsx」に作成されている表はあらかじめテーブルに設定されています。

2. 「7_2_1月シート .xlsx」の「1月」のシート見出しを右クリックして、[移動またはコピー]をクリックします。

［シートの移動またはコピー］（または［移動またはコ
ピー］）ダイアログボックスが表示されます。

3. ［移動先ブック名］の▼をクリックし、「7_2.xlsx」
   を選択します。
4. ［挿入先］で［（末尾へ移動)］をクリックし、［コ
   ピーを作成する］をチェックして、［OK］ボタン
   をクリックします。

サンプルファイル「7_2.xlsx」に、「1 月」のシートが
コピーされます。

5. ［ファイル］タブの［上書き保存］をクリックし、
   ファイル「7_2.xlsx」を上書き保存します。
6. ファイル「7_2.xlsx」と「7_2_1 月シート .xlsx」
   を閉じます。

追加されたシートを結合します。

7. 215 ページで保存した「シート結合 .xlsx」を開き
   ます。

8. テーブル内の任意のセルをクリックし、[クエリ
   ツール] [クエリ] タブ（または [クエリ] タブ）[読
   み込み] の [更新] の上部をクリックします。

データが更新され、テーブルに1月の売上データが
追加されます。

複数ブックの結合と同様、複数シートの場合もクエリ
を作成しておけば、更新を実施するだけで簡単にデー
タを結合することができます。

7-3 クロス集計表をリスト型の表に変換する

Power Query（列のピボット解除）　　　　　　　　　　　　　　　　　〈7_3〉

課題 | クロス集計表をリスト型の表に変換する

　この表は、住宅購入の動機についてのアンケートの集計結果です。住宅購入の動機については選択式で複数選択を認める形でアンケートをとっています。Power Query を使って、この表をピボットテーブルで集計しやすい、下のようなリスト型の表に変換してください。

リスト型の表に変換する

複数選択している場合は、行を分ける

解説　列のピボット解除機能

　ホームページなどに公開されている統計データは多くの場合、見やすいようにクロス集計された表になっています。

　これはこれで見やすくてよいのですが、この表のデータを再利用したいと思っても、クロス集計表のままだと、自由に集計することができません。

　Power Query には、「列のピボット解除」という便利な機能があり、クロス集計された表を再利用しやすいリスト形式の表に変換することができます。

列のピボット解除

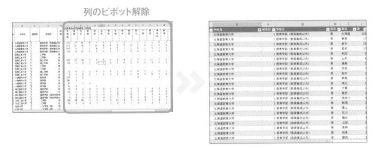

操作手順　クロス集計表をリスト型の表に変換する

1. 表の中の任意のセルをクリックします。

2. ［データ］タブ［データの取得と変換］の［テーブルまたは範囲から］をクリックします。

2. ［データ］タブ［取得と変換］の［テーブルから］をクリックします。

Power Query エディターが起動し、データが取り込まれます。

3 列め以降が複数回答可能なアンケートの結果となるため、3 列め以降の列をすべてピボット解除します。そのため、あらかじめピボット解除を行わない列を指定し、選択した列以外の列をピボット解除します。

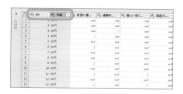

3. ［NO］のフィールド名をクリックし、[Shift]キーを押しながら［年齢］のフィールド名をクリックして、［NO］と［年齢］の 2 列を選択します。

4. ［変換］タブ［任意の列］の［列のピボット解除］の▼をクリックし、［その他の列のピボット解除］をクリックします。

アンケートの3列め以降（動機の列）がすべて行に変換され、リスト形式の表になります。

5. ［ホーム］タブ［閉じる］の［閉じて読み込む］の上部をクリックします。

Power Query エディターが終了し、新しいシートに Power Query エディターで整形したデータがテーブルとして読み込まれます。

6. ［ファイル］タブから［名前を付けて保存］を選択し、任意の名前で保存します。

ピボットテーブルで集計することができるようになります。

	NO	年齢	属性	値
1	1	20代	家族構成の ...	1
2	2	30代	家族構成の ...	1
3	3	20代	通勤のため	1
4	3	20代	家族構成の ...	1
5	4	40代	老後に備えて	1
6	4	40代	家族構成の ...	1
7	5	30代	家族構成の ...	1
8	6	50代	老後に備えて	1
9	6	50代	子供の教育 ...	1
10	6	50代	転勤など	1
11	7	30代	子供の教育 ...	1
12	8	50代	家族構成の ...	1
13	9	20代	老後に備えて	

	NO	年齢	属性	値
1				
2	1	20代	家族構成の変化	1
3	2	30代	家族構成の変化	1
4	3	20代	通勤のため	1
5	3	20代	家族構成の変化	1
6	4	40代	老後に備えて	1

7-4 csv データをキーとなる列で結合する

Power Query（csv データの取り込み）　　　　　　　　〈7_4_ 注文 .csv〉〈7_4_ 商品マスター.csv〉

課題 ▶ csv データをキーになる列でマージする

　販売管理システムからダウンロードしてきた注文データと商品マスターの csv ファイルを ［商品コード］をキーにしてマージしてください。

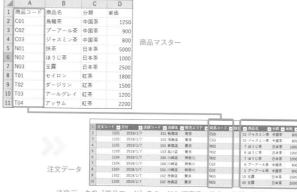

注文データの ［商品コード］をキーにして商品マスターのデータをマージする

操作手順 csv データをキーになる列でマージする

Power Query で 2 つの csv ファイルをマージするためには、あらかじめそれぞれのデータを読み込むクエリを作成しておき、作成した 2 つのクエリをあとから結合します（ここではサンプルデータを用いて説明します）。

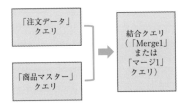

まず、「7_4_ 注文 .csv」と「7_4_ 商品マスター.csv」を読み込むための 2 つのクエリを作成します。

1. **Excel を新規に起動し、空白のブックを開きます。**

2. **［データ］タブ［データの取得と変換］の［テキストまたは CSV から］をクリックします。**

   2016

2. **［データ］タブ［取得と変換］の［新しいクエリ］をクリックし、［ファイルから］-［CSV から］をクリックします。**

［データの取り込み］（または［参照］）ダイアログボッ

クスが表示されます。

3. サンプルファイルが保存されているフォルダーを選択し、「7_4_注文 .csv」を選択して、［インポート］）をクリックします。

［7_4_注文 .csv］ウィンドウが表示され、データがプレビューされます。

4. ［読み込み］の▼をクリックし、［読み込み先］をクリックします。

［データのインポート］（または［読み込み先］）ダイアログボックスが表示されます。

5. ［接続の作成のみ］を選択し、［OK］（または［読み込み］）ボタンをクリックします。

[クエリと接続]（または［ブッククエリ］）作業ウィンド
ウに「7_4_注文」クエリが追加されます。接続の作
成のみを行いましたので、ワークシートにはデータは
読み込まれません。

クエリ名をわかりやすい名前に変更しておきます。

6. **作成されたクエリの上で右クリックし、表示され
たメニューから［名前の変更］をクリックします。**

7. **「注文データ」と入力し、 Enter キーを押します。**

8. **同様の操作で、「7_4_商品マスター.csv」の接続
を作成し、クエリ名を「商品マスター」に変更し
ます。**

注文データと商品マスターをマージします。
はじめに元になるテーブルを読み込みます。

9. **［クエリと接続］（または［ブッククエリ］）ウィンドウの［注文データ］クエリをダブルクリックします。**

クエリが実行され、Power Query エディターに「注文 .csv」のデータが読み込まれます。

つぎに、商品マスターをマージします。

10. **［ホーム］タブ［結合］の［クエリのマージ］の▼をクリックし、［新規としてクエリをマージ］をクリックします。**

［マージ］ウィンドウが表示されます。

11. **下のテーブル選択のボックスの▼をクリックし、［商品マスター］を選択します。**

12. 照合列（キーとなる列）として、[注文データ]テーブルの[商品コード]列と[商品マスター]テーブルの[商品コード]列をクリックして選択します。

13. [結合の種類] ボックスの▼をクリックし、[左外部（最初の行すべて、および2番めの行のうち一致するもの）] を選択し、[OK] ボタンをクリックします。

▶ **結合の種類について**

結合には左と右があります。[マージ] ウィンドウで指定したテーブルのうち、上部で指定したテーブルが左、下部で指定したテーブルが右となります。
[左外部（最初の行すべて、および2番めの行のうち一致するもの）] は、上部のテーブルのすべてのレコードを表示し、キーとなる列で下部のテーブルと結合するという意味になります。

「Merge1」（または「マージ1」）という名前で新しいクエリが作成され、注文データに［商品マスター］のテーブルが追加されます。

「Table」と表示されているテーブル部分を展開します。

14. ［商品マスター］の列見出しの （［展開と集計］
ボタン）をクリックし、［商品コード］と［元の
列名をプレフィックスとして使用します］の
チェックをはずして、［OK］ボタンをクリック
します。

［商品マスター］テーブルが展開し、［商品名］フィー
ルド、［分類］フィールド、［単価］フィールドが表示
されます。

15. ［ホーム］タブ［閉じる］の［閉じて読み込む］
の上部をクリックします。

Excel にマージされたデータが読み込まれます。

16. ［ファイル］タブの［名前を付けて保存］をク
リックし、「キー列でマージ」という名前で保存
します。

商品コードをキーとして商品マスターテーブルのデー
タを結合することができました。

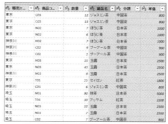

▶ 元のファイルに変更があった場合

商品マスターテーブルなど、元のファイルに変更があった場合でも、[クエリツール][クエリ]タブ（または[クエリ]タブ）[読み込み]の[更新]の上部をクリックするだけで更新することができます。

7-5 Web サイト上の表を Excel に取り込む

 Power Query（データの取得と変換（Web から））

課題 ▶ Web サイトに掲載されている表を Excel に取り込む

内閣府の「国民の祝日について」のページにある国民の祝日・休日の一覧表を Excel に取り込んでください。
URL：https://www8.cao.go.jp/chosei/shukujitsu/gaiyou.html

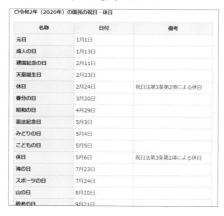

名称	日付	備考
元日	1月1日	
成人の日	1月13日	
建国記念の日	2月11日	
天皇誕生日	2月23日	
休日	2月24日	祝日法第3条第2項による休日
春分の日	3月20日	
昭和の日	4月29日	
憲法記念日	5月3日	
みどりの日	5月4日	
こどもの日	5月5日	
休日	5月6日	祝日法第3条第2項による休日
海の日	7月23日	
スポーツの日	7月24日	
山の日	8月10日	
敬老の日	9月21日	

○令和2年（2020年）の国民の祝日・休日

※ URL および Web サイトの表示内容は、予告なく変更される場合があります。
※画面例は 2020 年の情報になっています。学習するタイミングによって祝日が異なる場合があります。

Web サイトに掲載されている表を Excel に取り込む

1. Excel を新規に起動し、空白のブックを開きます。
2. ［データ］タブ［データの取得と変換］の［Web から］をクリックします。

2016

2. ［データ］タブ［取得の変換］の［新しいクエリ］をクリック、［その他のデータソースから］－［Web から］をクリックします。

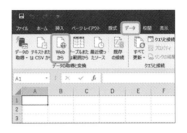

［Web から］ウィンドウが表示されます。

3. ［URL］の ボックスに「https://www8.cao.go.jp/chosei/shukujitsu/gaiyou.html」と入力し、［OK］ボタンをクリックします。

「この Web コンテンツには匿名アクセスを使用してください」と表示されたら［接続］ボタンをクリックします。

［ナビゲーター］ウィンドウが表示されます。

ウィンドウの左側に Web サイトに含まれる要素の一覧が表示されます。

4.「令和2年（2020年）及び令和3年（2021年）の国
民の祝日」をクリックし、［データの変換］（また
は［編集］）ボタンをクリックします。

※タイミングによって表示される年が異なりますので、表示される年の祝日
　をクリックしてください。

▶ データ内容の更新

選択する要素は学習の時期によっては更新されていることがあります。更新後の内容の要素を選択してください。一覧か
ら要素名をクリックすると、右側に内容が表示されますので、選択する要素がわからない場合はクリックして確認してく
ださい。

Power Query エディターが起動し、Web サイトの結
果の表が取り込まれます。

不要な列を取り除きます。

5. ［備考］のフィールド名をクリックし、［ホーム］
タブ［列の管理］の［列の削除］の上部をクリッ
クします。

不要な列が削除されます。

6. ［ホーム］タブ［閉じる］の［閉じて読み込む］
の上部をクリックします。

Excel に国民の祝日・休日の表が取り込まれます。

7. ［ファイル］タブの［名前を付けて保存］をク
リックし、「国民の祝日休日一覧」という名前で
保存します。

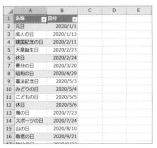

クエリが作成されているファイルを開いたり、同じ操作を行ってクエリを作成した場合に、「このプレビューは最大●日経過している可能性があります」というメッセージが表示される場合があります。その場合は、[最新の情報に更新] をクリックして操作をすすめてください。

本章のまとめ

- Power Query を利用すると、フォルダー内にある複数のブックをひとつの表にまとめることができます。
- Power Query を利用すると、ブック内にある複数のワークシートをひとつの表にまとめることができます。
- Power Query で作成したクエリを更新することで、元の表に変更があった場合でも結合した表を最新の状態にすることができます。
- Power Query の列のピボット解除機能を利用すると、アンケート結果やクロス集計された集計表をリスト型の表に変換することができます。リスト型に変換した表を利用して、新たにピボットテーブルを利用するなど、集計操作を行うことができます。
- Power Query を利用すると、csv データも結合することができます。共通するキーを利用してマージすることで、VLOOKUP 関数を使わなくても、項目の名称を取り込んでひとつの表を作成できます。
- Power Query 利用すると、Web サイト上にある表も簡単に Excel の表として取り込むことができます。

第 8 章

グラフ化で短時間に
深い分析をする

8-1 ピボットテーブルの集計結果をグラフにする

〈8_1〉

📖 ピボットグラフ

課 題 ▶ ピボットテーブルから集合縦棒のグラフを作成する

ピボットテーブルから、「集合縦棒」のグラフを作成してください。

3	合計 / 金額	列ラベル ▾				
4	行ラベル ▾	埼玉	神奈川	千葉	東京	総計
5	アールグレイ	224,400	63,600	314,400	421,200	1,023,600
6	アッサム	536,800	220,000	695,200	902,000	2,354,000
7	ジャスミン茶	240,000	45,600	121,600	228,800	636,000
8	セイロン	306,000	88,200	471,600	743,400	1,609,200
9	ダージリン	298,500	180,000	429,000	559,500	1,467,000
10	プーアール茶	374,400	139,500	302,400	250,200	1,066,500
11	ほうじ茶	244,000	144,000	174,000	267,000	829,000
12	烏龍茶	267,500	143,750	242,500	537,500	1,191,250
13	玉露	465,000	255,000	520,000	1,020,000	2,260,000
14	抹茶	1,005,000	630,000	1,365,000	1,455,000	4,455,000
15	総計	3,961,600	1,909,650	4,635,700	6,384,600	16,891,550

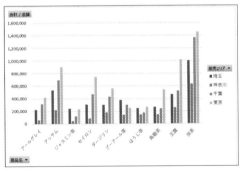

ピボットテーブルから集合縦棒のグラフを作成する

1. 「集計結果」シートのピボットテーブル内の任意のセルをクリックします。
2. ［ピボットテーブルツール］［ピボットテーブル分析］タブ（または［ピボットテーブル分析］タブ）［ツール］の［ピボットグラフ］をクリックします。

［グラフの挿入］ダイアログボックスが表示されます。
3. ［縦棒］を選択し、［集合縦棒］をクリックして、［OK］ボタンをクリックします。

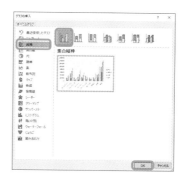

ピボットグラフが作成され、ワークシートに挿入されます。
4. ドラッグ操作でグラフのサイズや位置を整えます。

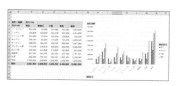

グラフにしたことで、商品では「抹茶」、「アッサム」、「玉露」の売上が高く、販売エリアでは、「東京」、「千葉」の売上が相対的に高いことがひとめでわかります。

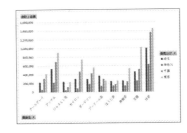

解説 ピボットグラフの特徴

ピボットグラフはピボットテーブルから簡単に作成することができます。
ピボットテーブルの特徴や通常のグラフとの違いについて、確認しておきましょう。

ピボットグラフと通常のグラフの相違点

■グラフの各要素の扱い方

ピボットグラフでも、グラフタイトルや軸、凡例などがあり、通常のグラフと同様に設定を変更することができます。該当する箇所の上で右クリックし、[●●の書式設定](右図では[軸の書式設定])を選択して修正します。

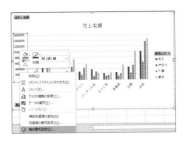

■作成できるグラフ

　ピボットグラフでは、通常のグラフと同様、棒グラフのほかに円グラフや折れ線グラフなど、いろいろな種類のグラフを作成することができますが、株価チャート、散布図、バブルチャート、ヒストグラム、組み合わせグラフなどのグラフを作成することはできません。

　作成したピボットグラフの種類を変更する場合も、通常のグラフと同じように［ピボットグラフツール］［デザイン］タブ（または［デザイン］タブ）［種類］の［グラフの種類の変更］をクリックし、［グラフの種類の変更］ダイアログボックスでグラフを選択します。

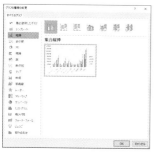
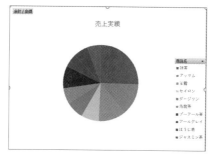

■変更の反映

　ピボットグラフのもとになっているピボットテーブルを変更すると、その変更が反映されます。

　また、逆にピボットグラフで設定を変更すると、元になっているピボットテーブルに変更が反映されます。たとえば、ピボットグラフで販売エリアをひとつだけ表示する設定に変更した場合、ピボットテーブルも同様の表示に変更になります。

ピボットテーブルの「行／列」とピボットグラフの「項目／系列」の関係

　ピボットテーブルとピボットグラフのデータは、つぎのような関係になっています。

　ピボットテーブルの行ラベルがピボットグラフの項目になり、列ラベルが系列になります。

　ピボットテーブルのフィールドの配置を変更すると、自動的にピボットグラフのフィールドの配置も同様に変更になります。

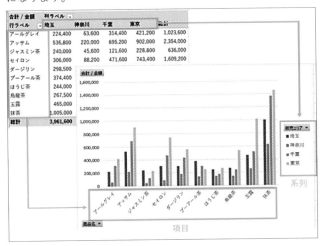

グラフの種類と用途

　集計結果を直感的にわかりやすいグラフにすることは、データの分析にとても有効ですが、どんなグラフを使ってもよいわけではありません。用途に合ったグラフを、適切に使い分けることが必要です。

　おもなグラフと用途についてまとめました。データ分析に威力を発揮するヒストグラム、パレート図、散布図については 8-3 で学習します。

用途	グラフの種類	
全体の内訳・構成比 　全体に占める各項目の構成比を確認する	円グラフ	
全体の内訳・構成比の比較 　全体に占める各項目の構成比や構成比の比較を確認する	帯グラフ	
項目間の比較 　2 つ以上の項目の比較やデータの大小、また順位などを確認する	棒グラフ	

変化や全体の傾向を把握 　時間の経過に伴うデータの変化を確認する	折れ線グラフ	
データの分布やバラツキ 　度数分布表を元に作成。データの分布や特徴を確認する	ヒストグラム	
重要な項目とその影響力を把握 　値の大きいものから並べた棒グラフと累計比率の折れ線グラフで 　作成される	パレート図	
2つのデータの関係を推定 　2つのデータの相関関係を確認する	散布図	

※ヒストグラム、パレート図、散布図はピボットグラフで作成することはできません。

8-2 ピボットグラフから 多面的にデータを分析する

ピボットグラフ（レイアウト変更） 〈8_2〉

課題 ┃ 商品別の売上グラフを販売エリア別の売上グラフに変更する

　グラフの項目と系列を入れ替えて、商品別の売上グラフからつぎのような販売エリア別の売上グラフに変更してください。

　また、項目に「店舗名」を追加して、販売エリア / 店舗別の売上グラフを作成してください。

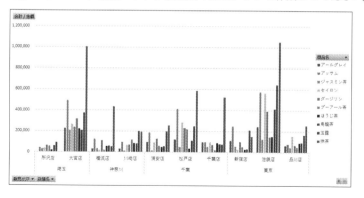

商品別の売上グラフを販売エリア別の売上グラフに変更する

　商品別の売上グラフを販売エリア別の売上グラフに変更するには、項目と系列に設定されているフィールドを変更します。

　ここでは、項目に設定されている［商品名］を［販売エリア］に変更し、系列に設定されている［販売エリア］を［商品名］に変更します。

1. 「集計結果」シートにあるピボットグラフをクリックします。

[ピボットグラフのフィールド] 作業ウィンドウが表示されます。

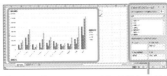

［ピボットグラフのフィールド］作業ウィンドウ

2. ［凡例（系列）］エリアの［販売エリア］を［軸（分類項目）］エリアへドラッグします。

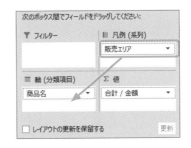

3. [軸（分類項目）]エリアの[商品名]を[凡例（系列）]エリアへドラッグします。

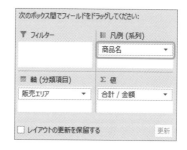

ピボットグラフが販売エリア別のグラフに変更されます。

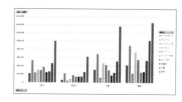

ピボットグラフを選択し、[ピボットグラフツール][デザイン]タブ（または[デザイン]タブ）[データ]の[行/列の切り替え]をクリックすると、軸（分類項目）と凡例（系列）を切り替えることができます。

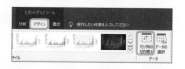

操作手順 軸（分類項目）に「店舗名」を追加する

　軸（分類項目）に［店舗名］を追加して、販売エリア / 店舗別の売上が確認できるグラフに変更します。

1. ピボットグラフをクリックします。

［ピボットグラフのフィールド］作業ウィンドウが表示されます。

2. ［フィールドセクション］の［店舗名］を［軸（分類項目）］エリアの［販売エリア］フィールドの下にドラッグします。

ピボットグラフの横軸に［店舗名］フィールドが追加され、グラフが販売エリア / 店舗別の売上グラフに変更されます。

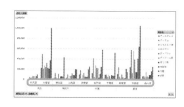

課題 ▶ 販売エリア / 店舗別の売上グラフで「東京」の「抹茶」の売上だけに絞り込む

8-2 でここまでに作成したピボットグラフを、販売エリア「東京」の「抹茶」の売上だけを表示したつぎのようなグラフに変更してください。

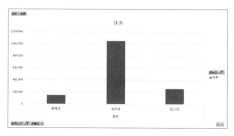

販売エリア / 店舗別の売上グラフで「東京」の「抹茶」の売上だけに絞り込む

ピボットグラフを作成すると、横軸や凡例にフィールドボタンが表示されます。このボタンを使用すると、ピボットテーブルに表示するフィールドを自由に選択することができます。

特定の項目や系列に絞り込んで、グラフを確認したい場合に便利な機能です。

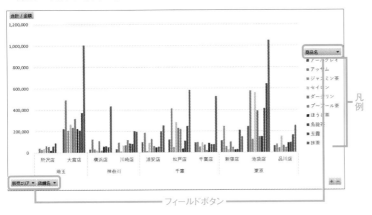

商品名が「抹茶」だけのグラフに変更します。

1. 凡例の上に表示されている［商品名］のフィールドボタンをクリックし、表示されるメニューの［（すべて選択）］のチェックをはずします。

2. ［抹茶］をチェックし、［OK］ボタンをクリックします。

「抹茶」の売上だけのグラフが表示されます。

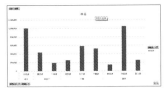

さらに、販売エリアを「東京」に絞り込みます。

3. グラフの横軸の左下に表示されている［販売エリア］のフィールドボタンをクリックし、表示されるメニューの［（すべて選択）］のチェックをはずした後、「東京」をチェックして、［OK］ボタンをクリックします。

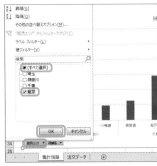

「販売エリア」が「東京」の3店舗（「新宿店」、「池袋店」、「品川店」）の「抹茶」の売上グラフが作成されます。

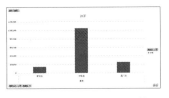

　グラフに表示されている項目や系列が多い場合は、特定の項目や系列だけのグラフに絞り込んで表示することで、グラフの傾向などがつかみやすくなります。

8-3 目的に適したグラフを選ぶ

課題 ▶ データ分析に適したグラフを選ぶ

つぎのような分析をしたいときに適したグラフを答えてください。
① アンケートの総合評価の点数の分布や特徴を確認したい。
② 工場ラインでの不良品の発生原因を把握し、どこから改善すべきか検討したい。
③ 売上高と利益率がともに高い店舗を知りたい。
④ 気温とビールの売上に関係があるか調べたい。

①の答え：アンケートの総合評価の点数の分布や特徴を確認したい。→ヒストグラム

解説 データの分布状況をひとめで把握できる「ヒストグラム」

　ヒストグラムとは、データを区間ごとに区切り、各区間に属するデータの個数を棒グラフに似た形状のグラフで表したものです。

　データをヒストグラムにすることで、集計対象のデータの分布や特徴を視覚化することができます。

　たとえば、つぎの2つのグラフは、SNSサービス「A」とSNSサービス「B」の利用者数を10歳ごとの区間で区切り、ヒストグラムにしたものです。

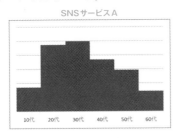

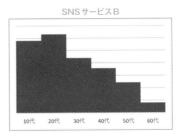

　このヒストグラムを見ると、サービス「A」は20代、30代が利用者の中心ですが、40代以上の利用者も一定数いることがわかります。一方、サービス「B」は10代、20代の利用者が中心で、中高年の利用者が比較的少ないことがわかります。

　このように、ヒストグラムを作成することで、データの分布を視覚的にわかりやすく表現でき、データのバラツキや特徴を一瞬で把握することができます。

　通常、ヒストグラムを作成するには度数分布表という集計表が必要です。度数分布表とは、データをいくつかの区間に分けて、その中にあるデータの個数を集計した表です。ヒストグラムは度数分布表を元に作成します。

Excel には、データから直接ヒストグラムを作成する機能が用意されており、度数分布表の作成を Excel に任せて、ヒストグラムを簡単に作成することができるようになっています。

ヒストグラムの作成方法については、8-4 で学習します。

②の答え：工場ラインでの不良品の発生原因を把握し、どこから改善すべきか検討したい。
→パレート図

解説 重要度や影響力の高い項目をあきらかにする「パレート図」

パレート図とは、値の大きなものから順に並べた棒グラフとその構成比の累計（累計比率）を表す折れ線グラフを組み合わせた複合グラフです。

パレート図を作成することによって、どの項目に問題があるのか、あるいは、どの項目の影響度が高いのかを把

握することができ、問題を解決するために、どの項目
から着手すれば効率よく問題を解決できるかを知るこ
とができます。

つぎのグラフはある製品の製造過程で発生する不良
品の件数を原因別にまとめたものです。

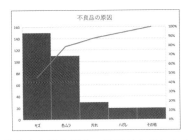

一般的に、発生頻度の高い項目から対策する方が、同じ労力をかけた場合、効果は大きいと考えられますので、
この製品の場合は、キズ、色ムラ対策から着手するべきだということがわかります。

パレート図を活用して問題を解決する場合、累計比率が約70%までの項目をデータ数量の多い方から改善して
いきます。

改善を行ったら、改善後のデータで再びパレート図を作成し、さらに上位の問題点から改善を進めていくように
します。

また、商品や事業所の売上データを元にパレート図を作成すると、売上に貢献している商品や事業所などを把握
することができます。貢献している商品や事業所に対し、さらに重点的に施策を打っていくことで、売上を伸ばす
ことができる可能性があります。

パレート図の作成方法については 8-5 で学習します。

③と④の答え：
③　売上高と利益率がともに高い店舗を知りたい。→散布図
④　気温とビールの売上に関係があるか調べたい。→散布図

解説 2つのデータの関係をみることができる「散布図」

　散布図とは、2つのデータの関係をみるために縦軸、横軸にデータを点でプロットしたグラフです。分布図とよばれることもあります。

　ひとつめのデータを横軸に、2つめのデータを縦軸にとり、各データを該当する位置にプロットします。データを散布図にすることで、データの分布を把握しやすくなります。

　また、ひとつめのデータの値が変化したときに、2つめのデータの値がどのように変化するのかを確認することができます。

　2つのデータの間になんらかの関係がある場合、これらのデータ間には「相関関係がある」といいます。

　つぎのグラフは、都道府県別の一人当たりの医療費と病院数のデータを散布図にしたものです。プロットされた点が、左下から右上に向かって分布していることから、一人当たりの医療費の金額が大きいほど、病院数も多くなる傾向が強い（相関関係がある）といえます。

　このように、ひとつめのデータの値が増えたときに、2つめのデータの値が増える関係を正の相関関係といいま

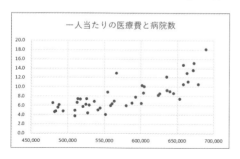

す。

　散布図を作成したときにプロットされた点の分布から相関関係の有無をおおよそ判断することができます。分布が左下から右上に向かっている場合は正の相関関係があります。また、分布が左上から右下に向かっている場合は負の相関関係があります。プロットした点が全体に散らばっている場合は、相関関係はないと判断することができます。

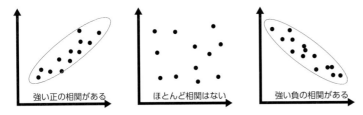

散布図を使って、データをグループ分けして分析することができます。たとえば、つぎのグラフは横軸に店舗の売上、縦軸に店舗の利益率をプロットした散布図です。

　このような散布図を作成することで、売上と利益率がともに高い店舗、売上は高いが利益率が低い店舗、利益率は高いが売上が低い店舗、売上と利益率がともに低い店舗の 4 グループにグループ化することができ、それぞれのグループに対して適切な改善策を検討し、対策することができます。

　散布図の作成方法については、8-6 で学習します。

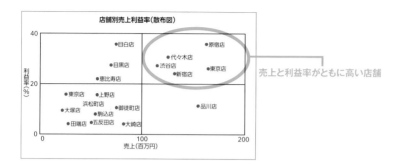

店舗別売上利益率（散布図）

売上と利益率がともに高い店舗

8-4 ヒストグラムでデータの分布やバラツキ具合を確認する

ヒストグラム 〈8_4〉

課題 | アンケートの結果からヒストグラムを利用してデータの分布を確認する

自社製品Aと競合製品Bについて、つぎのようなアンケートを実施しました。

結果を集計したところ、それぞれのアンケートの平均値はつぎのとおりでした。

自社製品A	競合製品B
5.38	5.27

　このアンケートの結果から、「自社製品Aも競合製品Bもお客さまの評価は大きく変わらないものの、わずかではあるが、自社製品Aの評価が競合製品Bの評価を上回っている」といえるかどうかを考えてください。

Excel に分析ツールを読み込む

　Excel2016 以降のバージョンでは、Excel 標準のグラフ機能にヒストグラムがサポートされていますが、ここでは分析ツールの機能を利用してヒストグラムを作成します。

　はじめに分析ツールを利用できる状態にします。

1. **Excel で［ファイル］タブをクリックし、［オプション］（または［その他］の［オプション］）をクリックします。**

［Excel のオプション］ダイアログボックスが表示されます。

2. **［アドイン］をクリックし、［管理］ボックスの▼をクリックして、［Excel アドイン］を選択し、［設定］ボタンをクリックします。**

［アドイン］ダイアログボックスが表示されます。

3. **［分析ツール］をチェックし、［OK］ボタンをクリックします。**

「分析ツール」のアドインが［データ］タブに追加されますので、確認しておきましょう。

4.［データ］タブをクリックします。

［データ］タブのリボンの右端に［データ分析］が追加されています。

Excel には、分析の機能を簡単に利用できる分析ツールというアドインの機能があります。
複雑な統計学的分析や工学的分析が必要な場合も、データと条件などの設定を行うだけで複雑な計算結果が表示されるため、便利な機能です。

アンケートの結果から分析ツールを使ってヒストグラムを作成し、分布やバラツキ具合を確認する

Excel に追加した「分析ツール」アドインを使用して、
ヒストグラムを作成してみましょう。

1. **ヒストグラムの区間にする数値を入力します。**
2. **セル範囲「D6:D15」に「1」～「10」の数値を入力します。**

アンケートは「1」～「10」の 10 段階評価となって
いますので、点数をそのまま区間として使用します。

▶ ヒストグラムの区間の設定について

区間の設定では、ひとつ上のセルに入力された数値より大きく、入力した数値以下がひとつの区間となります。
たとえば、身長のデータに対して、区間の数値を「165」、「170」、「175」、「180」と入力した場合、区間はつぎのように
なります。

数値	区間
165	165cm以下
170	165cm より高く 170cm 以下
175	170cm より高く 175cm 以下
180	175cmより高く 180cm 以下

3. ［データ］タブ［分析］の［データ分析］をクリックします。

［データ分析］ダイアログボックスが表示されます。

4. ［ヒストグラム］を選択し、［OK］ボタンをクリックします。

［ヒストグラム］ダイアログボックスが表示されます。

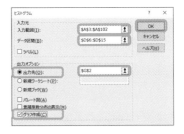

5. ［入力範囲］ボックスの ⬆ ボタンをクリックし、セル「A3:A102」を選択後、⬇ ボタンをクリックします。

6. ［データ区間］ボックスの ⬆ ボタンをクリックし、セル「D6:D15」を選択後、⬇ ボタンをクリックします。

7. ［出力先］を選択して［出力先］ボックスの ⬆ ボタンをクリックし、セル「G2」を選択後、⬇ ボタンをクリックします。

8. ［グラフ作成］をチェックして、［OK］ボタンをクリックします。

［出力先］に指定したセル「G2」に度数分布表が作成され、その隣にヒストグラムが作成されます。

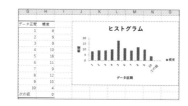

ヒストグラムのタイトルを「自社製品 A」に変更します。

9.「ヒストグラム」の文字をクリックして選択し、「自社製品 A」と入力します。

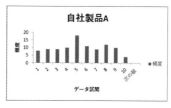

同様の操作で、競合製品 B のヒストグラムを作成します。

10.［データ］タブ［分析］の［データ分析］をクリックします。

［データ分析］ダイアログボックスが表示されます。

11.［ヒストグラム］を選択し、［OK］ボタンをクリックします。

[ヒストグラム] ダイアログボックスが表示されます。

**12. [入力範囲] ボックスの ↑ ボタンをクリックし
てセル「B3:B102」を選択後、 ↓ ボタンをク
リックします。**

[データ区間] は、「自社製品 A」のヒストグラムと同
じデータを使用しますので、設定は省きます。

**13. [出力先] ボックスの ↑ ボタンをクリックして
セル「G15」を選択後、 ↓ ボタンをクリックし
ます。**

14. [OK] ボタンをクリックします。

セル「G15」に競合製品 B の度数分布表、その隣にヒ
ストグラムが作成されます。

15. グラフタイトルを「競合製品 B」に変更します。

2 つのヒストグラムが完成しました。

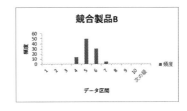

アンケートの総合評価点の平均値は、自社製品 A「5.38」、競合製品 B「5.27」と大きな違いはありませんでしたが、それぞれのヒストグラムを比べると、内容は大きく異なることがわかります。

　自社製品 A は、競合製品 B と比べると、人によって評価が大きく分かれていることが問題です。特定の顧客層から高い評価を受けている反面、別の顧客層の評価が著しく低い可能性があります。性別、年齢などで、データをセグメントして分析することで、原因が特定できる可能性があります。

課題の答え

　自社製品 A と競合製品 B のアンケートデータの分布が大きく異なるため、「自社製品 A も競合製品 B もお客さまの評価は大きく変わらないものの、わずかではあるが、自社製品 A の評価が競合製品 B の評価を上回っている」とはいえない。

　競合製品 B は、評価のバラツキは少ないものの、評価は 5（普通）の周辺に集中しており、「可もなく不可もなし」のような評価であることがわかる、一方、自社製品 A は評価のバラツキこそあるものの、8、9、10 といった高い評価をつけているユーザーもいるため、低い評価をしているユーザー層を特定し、原因をみつけて改善することができれば、評価を大きく変えることができる可能性がある。

8-5 パレート図で重要な項目と影響力を確認する

 パレート図 〈8_5〉

課題 ▶ 影響度の大きい不良品を確認するグラフを作成する

　つぎの表は、ある工場の製品ラインで作っている製品 A の不良品データです。製品の不良率を低減するため、このデータを原因別に集計し、対策の優先順序を説明するためのグラフを作成してください。

	A	B	C
1	発生日時	製造ライン	不良の原因
2	2018/10/5 15:38	2	色むら
3	2018/10/10 12:51	1	色むら
4	2018/10/10 15:26	4	汚れ
5	2018/10/10 19:51	4	汚れ
6	2018/10/10 20:28	2	ハガレ
7	2018/10/11 11:35	4	色むら
8	2018/10/11 13:01	3	その他
9	2018/10/11 13:12	1	汚れ
10	2018/10/11 13:59	1	色むら
11	2018/10/11 14:00	4	色むら
12	2018/10/11 14:32	1	その他
13	2018/10/11 14:57	4	色むら
14	2018/10/11 15:31	1	汚れ
15	2018/10/11 15:34	4	キズ
16	2018/10/11 17:01	3	キズ

影響度の大きい不良品を確認するグラフを作成する

はじめに、データを不良原因別に集計します。

1. **不良品データのリスト内をクリックして、[挿入]
   タブ [テーブル] の [ピボットテーブル] の上部
   をクリックします。**

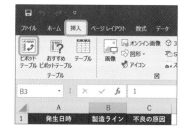

[ピボットテーブルの作成]（または [テーブルまたは範囲
からのピボットテーブル]）ダイアログボックスが表示さ
れます。

2. **[テーブル / 範囲] に集計元になるリストのセル
   範囲が表示され、新規ワークシートが選択されて
   いることを確認したら、[OK] ボタンをクリック
   します。**

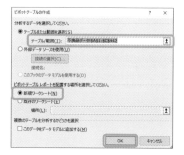

ブックに新しいシートが追加され、白紙のピボット
テーブルが表示されて、右側に［ピボットテーブルの
フィールド］作業ウィンドウが表示されます。

3. ［ピボットテーブルのフィールド］作業ウィンド
   ウの［フィールドセクション］から、［不良の原
   因］を選択し、［行］エリアにドラッグします。

4. 同様の操作で、［不良の原因］を［値］エリアに
   ドラッグします。

不良の原因別の集計表ができあがります。

優先順位に加えて重要度や影響度の判断を行うにはパ
レート図が最適です。
パレート図を作成します。

▶ パレート図の作成

ピボットテーブルから作成するピボットグラフでは、
パレート図が作成できないため、データをコピーして
通常のグラフ機能を利用します。

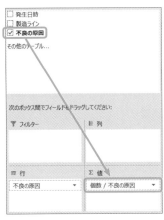

ピボットテーブルをコピーし、別のセルに表を貼り付けます。

5. セル範囲「A3:B8」を選択し、[ホーム] タブ [クリップボード] の [コピー] をクリックします。

	A	B
1		
2		
3	行ラベル ▾	個数 / 不良の原因
4	キズ	181
5	その他	39
6	ハガレ	50
7	汚れ	37
8	色むら	134
9	総計	441

6. セル「A11」をクリックし、[貼り付け] の上部をクリックします。
   セル「A11」に「不良の原因」、セル「B11」に「個数」と入力します。

11	不良の原因	個数
12	キズ	181
13	その他	39
14	ハガレ	50
15	汚れ	37
16	色むら	134

不良の原因別の集計表ができたので、この表を元にしてパレート図を作成します。

パレート図を作成します。

1. セル範囲「A11:B16」を選択します。

11	不良の原因	個数
12	キズ	181
13	その他	39
14	ハガレ	50
15	汚れ	37
16	色むら	134

2. ［挿入］タブ［グラフ］の［統計グラフの挿入］
   ボタンをクリックし、［ヒストグラム］の［パレー
   ト図］をクリックします。

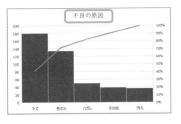

パレート図が作成されます。
表を降順に並べ替えなくてもグラフは降順で並べ替え
られます。

3. タイトルに「不良の原因」と入力します。

　パレート図を作成すると、製品 A の場合、「キズ」と「色ムラ」で不良の原因の 70％を超えていることから、「キズ」と「色ムラ」の対策をすることは、全不良品の 70％に対する対策をすることになります。

　このように、パレート図を作成すると、問題解決の優先順位と影響度をあきらかにし、第三者にもわかりやすく説明することができます。

※パレート図の累計比率の折れ線グラフは、「0」を始点として作成されますが、分析結果の判断に影響はないため、サンプルデータでは個数（累計比率）の折れ線グラフが「0」から始まるように設定はしていません。

8-6 散布図で2つのデータの関係をみる

散布図 〈8_6〉

課題 ▶ **散布図を作成して2つのデータに相関関係があるかどうかを確認する**

これは、都道府県別の一人当たりの医療費と人口10万人あたりの病院数を集計した表です。
このデータを使用して散布図を作成し、2つのデータに相関関係があるかどうか推測してください。

	A	B	C
1			
2	都道府県	一人当たりの医療費	人口10万あたりの病院数
3	北海道	658,605	10.5
4	青森県	513,691	7.4
5	岩手県	526,019	7.4
6	宮城県	529,218	6.0
7	秋田県	563,555	6.9
8	山形県	560,774	6.3
9	福島県	536,005	6.8
10	茨城県	488,602	6.1
11	栃木県	487,095	5.5
12	群馬県	513,067	6.6
13	埼玉県	483,802	4.7
14	千葉県	482,323	4.6

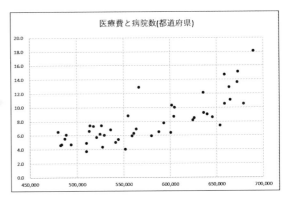

操作手順 散布図を作成する

散布図は Excel の標準のグラフ機能で簡単に作成することができます。

1. 「一人当たりの医療費」と「人口10万人あたりの病院数」のデータを選択します。

2. セル範囲「B2:C2」を選択し、[Ctrl] + [shift] + [↓]（下矢印）キーを押します。

セル範囲「B2:C49」が選択されます。

3. [挿入] タブ [グラフ] の [散布図（x,y）またはバブルチャートの挿入] をクリックし、[散布図] の [散布図] をクリックします。

散布図が作成されます。

4. ドラッグして、グラフの位置とサイズを調整します。

凡例が表示されている場合は、凡例を選択し [Delete] キーをクリックして、削除しておきます。

散布図を作成する場合は、通常、横軸（x 軸）には原因となる項目を、縦軸（y 軸）には結果となる項目を配置します。
たとえば、気温とビールの売上の関係では、「気温が上がればビールの売上が上がる」の関係が推測できます。この場合、気温は原因となるので横軸、ビールの売上は結果となるので縦軸としてグラフを作成します。
散布図のデータ範囲を指定する際、左側にある項目が横軸、右側にある項目が縦軸になりますので、あらかじめ原因が左側になるように表の体裁を整えておきましょう。
つぎの例は一人当たりの医療費と病院数の関係を示す散布図です。

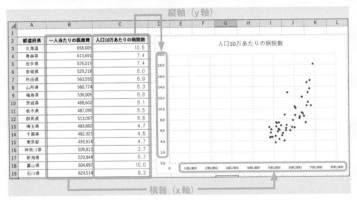

散布図のデザインを見やすく調整する

　散布図の体裁を見やすく整えましょう。
横軸（x 軸）の最小値と最大値を調整します。

1. 横軸の数字の上でクリックします。

ここでは「500,000」をクリックしています。
横軸が選択されます。

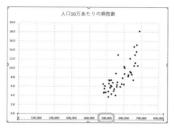

**2. ［グラフツール］［書式］タブ（または［書式］タブ）
［現在の選択範囲］の［選択対象の書式設定］を
クリックします。**

［軸の書式設定］作業ウィンドウが表示されます。

**3. ［軸のオプション］の［最小値］ボックスに
「450000」、［最大値］ボックスに「700000」と入
力します。**

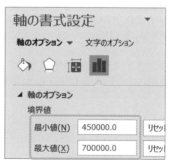

4. グラフタイトルを「医療費と病院数（都道府県）」に修正します。

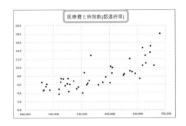

できあがった散布図を見ると、データが左下から右上に向かって分布していることから、一人当たりの医療費と病院数の関係には正の相関があると思われます。

つまり、一人当たりの医療費の金額が大きいほど、病院数も多くなる傾向が強いと解釈できます。

操作手順 散布図にデータラベルを表示する

散布図にプロットされている点は各都道府県を表しています。散布図を見やすくするために、プロットされている各点にデータラベルを表示させることができます。

散布図に、都道府県名をデータラベルとして表示されるように設定しましょう。

1. 散布図をクリックして選択します。

2.［グラフ要素］ボタンをクリックし、［データラベル］の▼をクリックし、［その他のオプション］をクリックします。

［データラベルの書式設定］作業ウィンドウが表示されます。

3. ［ラベルオプション］の［Y 値］のチェックをはずして、［セルの値］をチェックします。

［データラベル範囲］ダイアログボックスが表示されます。

4. セル範囲「A3:A49」を選択し、［OK］ボタンをクリックします。

散布図のデータラベルに都道府県名が表示されます。

5. 重なっている部分のデータラベルをドラッグして移動し、見やすいように配置します。

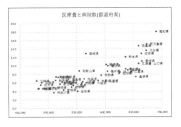

都道府県ごとの分布がさらに把握しやすくなります。

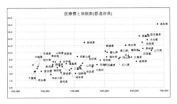

本章のまとめ

- ピボットテーブルをグラフ化することで、直感的にデータの傾向をつかむことができるため、集計表だけでは読み取れなかったことが見えてきたり、対策などを考えたりすることができます。
- ピボットグラフでは、通常のグラフと同様、棒グラフのほかにも円グラフや折れ線グラフなど、いろいろな種類のグラフを作成することができます。ただし、株価チャート、散布図、バブルチャート、ヒストグラム、組み合わせグラフなどのグラフを作成することはできません。
- ピボットグラフでは、ピボットテーブルと同じようにマウス操作だけで簡単に行（項目）や列（系列）に配置するフィールドを変更することができます。
- データの分布やバラツキを確認するには、ヒストグラムを作成してみるのが一番です。
- パレート図を作成すると、何が売上に貢献しているのか、どの問題点の影響が大きいのかなど、重要な項目と影響力がわかりやすくなるため、効率よく問題を解決できるようになります。
- 散布図とは、2つのデータ間の関係を見るために縦軸、横軸にデータを点でプロットしたグラフです。
- 散布図において、ひとつのデータの値が増減するともうひとつのデータの値も増減するという場合は、2つのデータの値に関係性があるとみなされます。このような場合「相関関係がある」といいます。

先輩！この間の業務報告で、ピボットテーブルやPower Queryを使った集計結果を利用したんです。
でも、あまり評判がよくなくて……。どうもこちらの言いたかったことが、うまく伝わらないみたいなんです。
どうすればもっといい発表ができるでしょうか？

なるほど……。発表の資料にはグラフを利用した？
視覚化できるグラフを使うことはとても大事なのよ。
どんなに表を見せて説得しても、一瞬でわかるグラフにはかなわないものよ。
上手にグラフを利用して報告書をつくるといいわね。
ここからは、少しグラフについて勉強しましょう。
分析に利用できるグラフもあるから、頑張ってね。

第 **9** 章

分析ツールを活用する

分析機能の関数 〈9_1〉

| 課題 | 平均値、中央値、最頻値、最大値、最小値、標準偏差を求める |

この表は、8-4 でヒストグラムの作成に使用した自社製品 A と競合製品 B の総合評価のアンケートデータです。

ヒストグラムを作成せずに、データの分布状況を調べてください。

	A	B
1	アンケートデータ（総合評価10点満点）	
2	自社製品A	競合製品B
3	5	6
4	9	5
5	1	5
6	4	5
7	9	6
8	3	4
9	6	7
10	1	5
11	6	5
12	5	5
13	3	6
14	3	7
15	5	5
16	4	5
17	1	6
18	5	5

平均値、中央値、最頻値、最大値、最小値を知れば、おおよそのグラフの形が推測できる

　多くのデータを比較して分析しなければならない場合、一つひとつヒストグラムを作成している時間がないことがあります。

　そのようなときは、データの平均値、中央値、最頻値、最大値、最小値を求めることで、データの大まかな分布状況（ヒストグラムの形）を知ることができます。

　平均値、中央値、最頻値、最大値、最小値などはデータの特徴を代表する値という意味で、「代表値」とよばれています。分析するデータの数が多くても、代表値のような数値データなら、比較するのも簡単です。

　Excel には、代表値を計算する関数が用意されています。まずは、それぞれの代表値の求め方について学習します。

用語	説明	関数
平均値	すべてのデータの合計値をデータの個数で割った値	AVERAGE
中央値	データを昇順または降順に並べたときに、ちょうど真ん中にくるデータの値	MEDIAN
最頻値	データの中で最も頻繁に現れるデータの値	MODE.SNGL
最大値	データの中で最も大きな値	MAX
最小値	データの中で最も小さな値	MIN

平均値、中央値、最頻値、最大値、最小値を求める

平均値、中央値、最頻値、最大値、最小値を関数を
使って求めておきましょう。

1. セル「E3」をクリックして、「＝AVERAGE(A3:A102)」
   と入力します。
2. セル「E4」をクリックし、「＝MEDIAN(A3:A102)」
   と入力します。
3. セル「E5」をクリックし、「＝MODE.SNGL
   (A3:A102)」と入力します。
4. セル「E6」をクリックし、「＝MAX (A3:A102)」と
   入力します。
5. セル「E7」をクリックし、「＝MIN (A3:A102)」と
   入力します。
6. セル範囲「E3:E7」を選択し、フィルハンドルを
   使ってセル範囲「F3:F7」にコピーします。

D	E	F
	自社製品A	競合製品B
平均	5.38	
中央値	5	
最頻値	5	
最大値	10	
最小値	1	
標準偏差		

D	E	F
	自社製品A	競合製品B
平均	5.38	5.27
中央値	5	5
最頻値	5	5
最大値	10	7
最小値	1	4
標準偏差		

平均値、中央値、最頻値の関係とデータ分布の形

平均値、中央値、最頻値の3つの代表値を調べることでデータ分布のおおよその形を予想することができます。

① 平均値≒中央値≒最頻値の場合のデータ分布

外れ値（極端に大きかったり小さかったりするデータ）に引き寄せられやすい平均値が最頻値とほぼ同じであることから、外れ値が含まれていないことが予想できます。

中央値と最頻値がほぼ同じであることからデータの中央にヒストグラムの山のピークがあることがわかります。

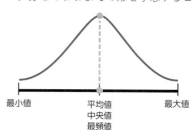

② 平均値>中央値>最頻値の場合のデータ分布

平均値が中央値より大きいことから、平均値は一部の大きなデータに引き寄せられていることが予想できます。

最頻値が中央値よりも小さいことから、ヒストグラムの山のピークがデータの中央より左にずれていることがわかります。

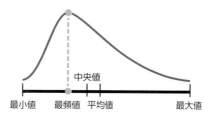

③　最頻値 > 中央値 > 平均値の場合のデータ分布

　平均値が中央値より小さいことから、平均値は一部の小さなデータに引き寄せられていることが予想できます。

　最頻値が中央値よりも大きいことから、山のピークがデータの中央より右にずれていることがわかります。

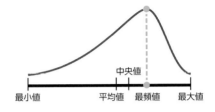

　今回のデータを確認すると、平均値（A：5.38/B：5.27）、中央値（A：5/B：5）、最頻値（A：5/B：5）となっていますので関係は、自社製品 A、競合製品 B ともに、

平均値 ≒ 中央値 ≒ 最頻値

　です。このことからデータの中央に山のピークがあるグラフになっていることが予想できます。また、競合製品 B は最小値が「4」で最大値が「7」となっていることから、自社製品 A に比べると分布しているデータが中央に集まって、裾野が狭くなっていることがわかります。

標準偏差とは、平均値からのデータのバラツキの度合い（バラツキの平均）を示す値です。平均値に近いデータが数多くある場合は標準偏差の値は小さくなり「0」に近づきますが、平均値付近に集中せずに離れているデータが多くある場合は、標準偏差が大きくなります。

たとえば、製品 X と製品 Y の総合評価で、X と Y の評価の平均が「7」で、X の標準偏差が「3」、Y の標準偏差が「1」とした場合、X の方が評価のバラツキが大きいということになります。つまり、評価の差が大きいということです。

標準偏差の評価については、分析する内容や判断する条件によって異なるため、大・小どちらがよいと決まっているものではありません。

たとえば、今回のようなアンケートで評価の差が大きい場合は、なぜバラツキがあるのかの原因を探りながら、改善策を検討する必要があります。

標準偏差は、各データから平均を引いた値を 2 乗し、その数値の合計をデータの個数で割った値（分散）の正の平方根を計算することで算出します。

計算は複雑ですが、Excel では関数を利用してこの標準偏差を簡単に求めることができます。

前述のように、データの平均値、中央値、最頻値からデータの山の位置を知ることができますが、標準偏差からはグラフにしたときの線の傾斜を知ることができます。

データのバラツキが大きい（標準偏差の値が大きい）場合は全体的に緩やかな傾斜のグラフになり、データのバラツキが小さい（標準偏差の値が小さい）場合は傾斜のきついグラフになります。

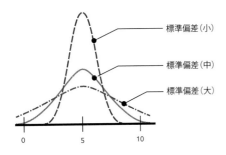

標準偏差はつぎのように関数を利用して求めることができます。

用語	説明	関数
標準偏差	たくさんのデータの中からサンプリングしたデータを使って、標準偏差を計算する	STDEV.S
	全データを使って、標準偏差を計算する	STDEV.P

▶ 標準偏差を求めるための 2 つの関数のうち、どちらを使えばよいか

先の説明にあるとおり、標準偏差を計算する対象のデータが全データなのか一部のデータなのかで使い分けます。
通常、アンケートでは、対象者の一部からアンケートをとっていますので、STDEV.S 関数を使用します。

操作手順 標準偏差を求める

標準偏差を求めて、データのバラツキを確認してみましょう。
関数を使って標準偏差を求めます。

1. セル「E8」に「=STDEV.S(A3:A102)」と入力します。
2. フィルハンドルを使ってセル「F8」にコピーします。

D	E	F
	当社製品と競合製品の総合評価	
	自社製品A	競合製品B
平均	5.38	5.27
中央値	5	5
最頻値	5	5
最大値	10	7
最小値	1	4
標準偏差	2.57328937	0.763498063

標準偏差が計算され、計算結果が表示されます。

自社製品 A の標準偏差は「2.57」、競合製品 B の標準偏差は「0.76」となっています。このことから競合製品 B に比べて自社製品 A はデータのバラツキが大きくグラフの傾斜が緩やかであることがわかります。

ここまでの結果から、データの分布状況をフリーハンドで描いてみるとつぎのようになります。

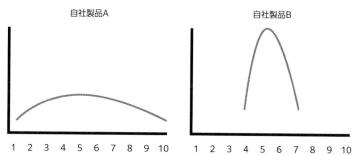

自社製品A

自社製品B

実際のヒストグラムはつぎのとおりです。

平均値、中央値、最頻値、最大値、最小値、標準偏差からおおよそのデータ分布が推測できることがわかります。

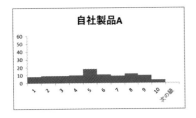

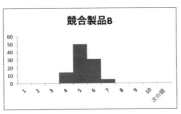

9-2 データの相関関係を数値で確認する

 CORREL 関数、データ分析ツール 〈9_2〉

課題 ▶ CORREL 関数と分析ツールを使用して相関があるかどうかを求める

　この表は東京23区の賃貸物件数を調査したデータです。賃貸物件数と区の人口や面積の間に相関があるかどうか、相関係数を求めて推測してください。

	A	B	C	D
1	東京23区の賃貸物件数			
2	区名	賃貸物件数	人口（千人）	面積（km2）
3	千代田区	1,018	65,715	11.66
4	中央区	2,778	167,050	10.21
5	港区	4,713	259,844	20.37
6	新宿区	4,867	350,539	18.22
7	文京区	2,750	235,467	11.29
8	台東区	2,904	209,119	10.11
9	墨田区	2,794	270,018	13.77
10	江東区	5,208	518,828	40.16
11	品川区	3,970	411,437	22.84
12	目黒区	2,982	287,886	14.67
13	大田区	6,796	740,094	60.83
14	世田谷区	10,193	938,882	58.05
15	渋谷区	3,520	234,922	15.11
16	中野区	4,567	342,568	15.59
17	杉並区	7,399	585,661	34.06
18	豊島区	3,750	301,258	13.01

相関係数

　相関係数とは、2つのデータの関係を示す指標です。相関係数は－1から1までの数字で表します。Excelには相関係数を計算するための関数や機能があらかじめ用意されているので、簡単に相関係数を求めることができます。散布図では大まかな相関関係を確認することができますが、見る人の感覚やグラフの大きさなどによって相関関係があるかないかの判断が異なる可能性があります。相関係数では、2つのデータの関係が数値で示されるため、相関関係の有無を客観的に判断することができます。

　計算した相関係数がどの程度の値なら「相関がある」といえるかということについては、統一された基準はありませんが、おおよそつぎのような基準が使われています。

相関係数（r）の値と相関

相関係数	相関
-1 < r ≦～-0.7	強い負の相関
-0.7 < r ≦ -0.4	負の相関
-0.4 < r ≦ -0.2	弱い負の相関
-0.2 < r ≦ 0.2	ほとんど相関がない
0.2 < r ≦ 0.4	弱い正の相関
0.4 < r ≦ 0.7	正の相関
0.7 < r ≦ 1	強い正の相関

※相関係数が正の場合は正の相関（一方が増加するともう一方も増加する）、相関係数が負の場合は負の相関（一方が増加するともう一方は減少する）を表します。

Excel には、相関係数を計算する CORREL 関数が用意されているため、相関係数を簡単に求めることができます。

CORREL 関数を使うと、2 つのデータのセル範囲を指定するだけで、Excel が自動的に相関係数を計算します。

【CORREL 関数の数式】
CORREL (配列 1, 配列 2)
配列 1：データ 1 のセル範囲
配列 2：データ 2 のセル範囲

操作手順 CORREL 関数を使って相関係数を求める

1. まず、賃貸物件数と人口の相関係数を求めましょう。

2. セル「G3」クリックし、「=CORREL(」と入力します。

3. セル範囲「B3:B25」を選択し、「,（コンマ）」を入力します。

4. 続けて、セル範囲「C3:C25」を選択し、 Enter キーを押します。

F	G
	相関係数
賃貸物件数と人口	=CORREL(
賃貸物件数と面積	CORREL(配列1, 配列2)

相関係数が計算されます。

相関係数が「0.96」なので、賃貸物件数と人口の間には強い正の相関があるといえます。

F	G
	相関係数
賃貸物件数と人口	0.962198101
賃貸物件数と面積	

同様の方法で、賃貸物件数と面積の相関係数を求めます。

5. **セル「G4」をクリックし、「=CORREL(」と入力します。**

6. **セル範囲「B3:B25」を選択し、「,（コンマ）」を入力します。**

7. **続けてセル範囲「D3:D25」を選択し、 Enter キーを押します。**

賃貸物件数と面積の相関係数は「0.90」（小数点以下第3位で四捨五入）なので、賃貸物件数と面積の間にも強い正の相関があるといえます。

F	G
	相関係数
賃貸物件数と人口	0.962198101
賃貸物件数と面積	0.89617324

操作手順 複数のデータの相関係数を一度に計算して比較する

　CORREL関数では、一度に2つのデータの相関を求めることしかできません。複数のデータの相関係数を一度に計算する必要がある場合は、分析ツールを利用すると便利です。
分析ツールを使って、賃貸物件数、人口、面積の相関係数を一度に計算してみましょう。

1. [データ] タブ [分析] の [データ分析] をクリックします。

[データ分析] ダイアログボックスが表示されます。

2. [分析ツール] で [相関] を選択し、[OK] ボタンをクリックします。

[相関] ダイアログボックスが表示されます。

3. [入力範囲] ボックスの ↑ をクリックし、セル「B2:D25」を選択し、Enter キーを押します。

4. [データ方向] で [列] を選択し、[先頭行をラベルとして使用] をチェックします。

5. [出力オプション] で [出力先] を選択し、ボックスの ↑ をクリックして、セル「F6」を選択し、Enter キーを押します。

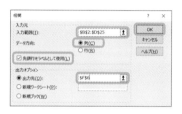

6. [OK] ボタンをクリックします。

賃貸物件数、人口、面積の間のそれぞれの相関係数が一度に計算されます。

賃貸物件数と人口の相関係数は「0.96」、賃貸物件数と面積の相関係数は「0.90」で、CORREL 関数で求めた結果と同じです。複数データの相関を求める場合は、分析ツールを使うと便利です。

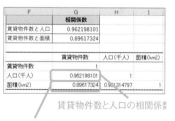

賃貸物件数と人口の相関係数

賃貸物件数と面積の相関係数

相関係数を求めて 2 つのデータの間に強い相関関係が認められた場合、次節で学習する回帰分析を使って、一方の値からもう一方の値を予測することができます（回帰分析については 9-3 で学習します）。

9-3 | 重回帰分析で数値を予測する

 データ分析ツール（重回帰分析） 〈9_3〉

課題 ▶ 重回帰分析で物件Aの賃貸料が相場と比較して妥当な価格かを判断する

この表はある駅から徒歩圏にあるワンルームの賃貸物件の一覧です。
重回帰分析を行い、物件Aの賃貸料は、相場と比べて妥当かどうか判断してください。

物件A：賃貸料：80,000円、面積：24m2、築年数：5年、駅徒歩分：10分

	A	B	C	D	E
1	NO	賃貸料	面積(m2)	築年数	駅徒歩分
2	1	66,000	21.78	16	10
3	2	76,000	19.16	14	10
4	3	77,000	24.21	14	5
5	4	84,000	34.68	28	8
6	5	66,000	25.05	23	15
7	6	67,000	16.24	19	15
8	7	68,000	20.90	19	10
9	8	85,000	31.57	0	5
10	9	79,000	30.80	18	8
11	10	60,000	19.75	19	15
12	11	67,000	16.28	20	6
13	12	71,000	21.81	16	15
14	13	66,000	18.17	15	8
15	14	80,000	31.19	12	7
16	15	61,000	18.70	18	6

解説 単回帰分析と重回帰分析

　回帰分析とは、予測したい結果（変数 y）と原因となる要素（変数 x）に相関関係があるか、原因となる要素が予測したい結果にどのくらい影響しているか、その要素による影響があると判断してよいかなどを検討するための手法です。

　たとえば、「駅までの徒歩時間が賃貸料に影響する」という予測をした場合、予測したい結果（変数 y）は「賃貸料」で、原因となる要素（変数 x）は「駅までの徒歩時間」となります。

　予測したい結果（変数 y）を目的変数、原因となる要素（変数 x）を説明変数といいます。

　この目的変数（y）は説明変数（x）を使用した式で表され、この式のことを回帰式といい、この回帰式を求めることを回帰分析といいます。

　賃貸料と駅までの徒歩時間のデータを使用して回帰分析をすると、指標となる数値が算出され、駅までの徒歩時間と賃貸料に相関関係があるか、駅までの徒歩時間が賃貸料にどのくらい影響しているのか、求めた回帰式から賃貸料が妥当かなどを検討することができます。

　回帰分析には、単回帰分析と重回帰分析があります。

●単回帰分析

　原因となる要素（説明変数）がひとつの場合の回帰分析です。

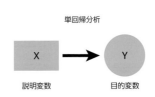

単回帰分析

説明変数　　　目的変数

単回帰分析の回帰式はつぎのようになります。

Y = aX + b

a は傾きで原因となる要素が 1 単位変化するときの結果の変化分を示します。b は切片といいます。切片は、X が 0 のときの Y の値を示します。

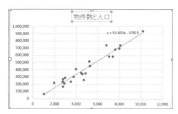

●重回帰分析

原因となる要素（説明変数）が複数ある場合の回帰分析です。

重回帰分析では、ひとつの目的変数を複数の説明変数で予測します。

重回帰分析の回帰式はつぎのようになります。

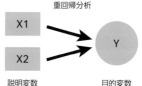

$$Y = a_1X_1 + a_2X_2 + a_3X_3 + \cdots + a_nX_n + b$$

複数の原因となる要素が重なってひとつの結果の式を表しています。

回帰分析の中でも重回帰分析は、複数の説明変数で回帰式が構成されているため、より実用的な予測ができます。

重回帰分析を実行する

　Excel では、分析ツールを使用することで、簡単に重回帰分析を行うことができます。
　重回帰分析を行い、物件 A の賃貸料が相場と比べて妥当な価格かどうか確認しましょう。

1. ［データ］タブ［分析］の［データ分析］をクリックします。

［データ分析］ダイアログボックスが表示されます。

2. ［回帰分析］を選択し、［OK］ボタンをクリックします。

［回帰分析］ダイアログボックスが表示されます。
目的変数を指定します。

3. ［入力 Y 範囲］の ↑ をクリックし、セル範囲「B1:B273」を選択して、Enter キーを押します。

つぎに説明変数を指定します。

4. ［入力 X 範囲］の ↑ をクリックし、セル範囲「C1:E273」を選択して、Enter キーを押します。

5. 指定した入力範囲には見出しを含んでいますので、［ラベル］をチェックします。

6. ［出力オプション］で［一覧の出力先］を選択し、
   ボックスの ⬆ をクリックして、セル「G2」を選
   択し、 Enter キーを押します。
7. ［OK］ボタンをクリックします。

重回帰分析の結果が表示されます。

解説 重回帰分析の結果の見方

　重回帰分析の結果の見方について説明します。本書では統計用語等の専門的な説明は省いてポイントだけを解説
します。それでは、回帰分析の結果を一緒に見ていきましょう。

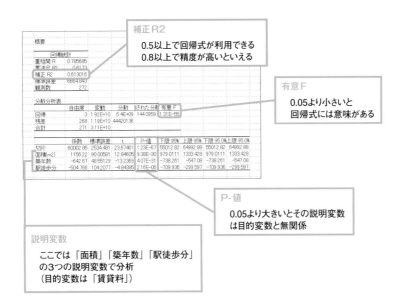

補正R2

0.5以上で回帰式が利用できる
0.8以上で精度が高いといえる

有意F

0.05より小さいと
回帰式には意味がある

P-値

0.05より大きいとその説明変数
は目的変数と無関係

説明変数

ここでは「面積」「築年数」「駅徒歩分」
の3つの説明変数で分析
（目的変数は「賃貸料」）

概要					
回帰統計					
重相関 R	0.785685				
重決定 R2	0.6173				
補正 R2	0.613016				
標準誤差	6664.843				
観測数	272				

分散分析表

	自由度	変動	分散	観測された分散比	有意 F
回帰	3	1.92E+10	6.4E+09	144.0959	1.31E-55
残差	268	1.19E+10	44420136		
合計	271	3.11E+10			

	係数	標準誤差	t	P-値	下限 95%	上限 95%	下限 95.0%	上限 95.0%
切片	60002.85	2534.481	23.67461	1.23E-67	55012.82	64992.88	55012.82	64992.88
面積(m2)	1156.22	90.00581	12.84606	9.38E-30	979.0111	1333.428	979.0111	1333.428
築年数	-642.67	48.55129	-13.2369	4.07E-31	-738.261	-547.08	-738.261	-547.08
駅徒歩分	-504.766	104.2077	-4.84385	2.16E-06	-709.936	-299.597	-709.936	-299.597

●有意F

　表の中で、最初に見るのは、「有意F」の値です。「有意F」の値は、この回帰式に意味があるかどうかを示しています。「有意F」の値が0に近ければ近いほど、回帰式の信頼性は高いといえます。判断の基準には、「0.05（5%）」が使われることが多いようです。「有意F」の値が「0.05」より小さい場合、回帰式には意味があるとみることができます。

Excel では数値桁数が 12 桁以上になると「1.31E-55」などのように指数として表示されます。15 桁までは数式バーで正しい数値を確認することができますが、16 桁以降はすべて 0 に置き換えられます。

この指数の「E」以降は「E」のうしろが「+11」の場合は 10 の 11 乗した数値、「-11」の場合は 1/10 の 11 乗した数値という意味になります。

つまり、「1.31E-55」の場合は 1.31 に 1/10 の 55 乗した数値をかけた「0.0000・・・131」を表し、有意 F はほぼ「0」であることを意味しています。

※ Excel に表示される指数の桁数は列幅によって異なる場合があります。

●補正 R2

つぎに見るのは、「補正 R2」です。左の例では、「補正 R2」の値は「0.61」となっています。これは、面積、築年数、駅徒歩分の 3 つの説明変数で賃貸料の分散（バラツキ）の約 61% を説明できることを意味しています。

回帰式の精度をもっと上げたいという場合は、面積、築年数、駅徒歩分数のほかに別の説明変数を加えることで、「補正 R2」の値を上げることができる可能性があります。

「補正 R2」は一般的に 0.5 以上であれば回帰式が使え、0.8 以上なら精度が高いといえます。

● P- 値

最後に、各説明変数の「P- 値」を確認します。「P- 値」は説明変数が目的変数に影響するといってよいかの判断をするための値です。「P- 値」の判断基準にも「有意 F」と同じように「0.05」が使われます。説明変数の「P- 値」の値が「0.05」より大きい場合、その説明変数は目的変数と無関係とみることができます。

無関係な説明変数があった場合は、その説明変数を省き、必要に応じて別の説明変数を加えるなどして、もう一

度回帰分析を実行しましょう。

　ここでは面積（m²）、築年数、駅徒歩分の「P-値」はすべて「0.05」よりはるかに小さいため、賃貸料に影響しているといえます。
　重回帰分析の回帰式はつぎのように表します。

　　$Y = a_1X_1 + a_2X_2 + a_3X_3 + \cdots + a_nX_n + b$

　①　a_1、a_2・・・にそれぞれの説明変数の係数を代入します
　②　b に係数の切片を代入します

②切片

	係数	標準誤差	t	P-値	下限 95%	上限 95%	下限 95.0%	上限 95.0%
切片	60002.85	2534.481	23.67461	1.23408E-67	55012.82	64992.88	55012.82	64992.88
面積(m2)	1156.22	90.00581	12.84605	9.38045E-30	979.0111	1333.428	979.0111	1333.428
築年数	-642.67	48.55129	-13.2369	4.07473E-31	-738.261	-547.08	-738.261	-547.08
駅徒歩分	-504.766	104.2077	-4.84385	2.15634E-06	-709.936	-299.597	-709.936	-299.597

①係数

　回帰式が有意であることと、回帰式の当てはまり具合を確認したら、計算されたそれぞれの係数を使ってつぎのような回帰式を作成することができます。

賃貸料 = 面積（m²）× 1,156 円 − 築年数× 643 円 − 駅徒歩分× 505 円 + 60,003 円

答え

回帰式

　賃貸料＝面積（㎡）×1,156円－築年数×643円－駅徒歩分×505円＋60,003円

※ここでは、係数を小数点以下で四捨五入した値で計算していますが、数式にセルを直接指定して求めることもできます。

物件Aの値を回帰式に当てはめる

　24（㎡）×1,156円－5×643円－10×505円＋60,003円＝79,482円

　物件Aの賃貸料（80,000円）は、ほぼ相場に近い料金である。

※本節の回帰式では、各係数を小数点以下四捨五入した値を使用して説明しています。

　Excel上で回帰式の計算を行う場合は、各係数をセル参照で直接指定して計算するほうが正確で簡単です。

　係数をセル参照して計算した場合の答えは「79,491円」です。

9-4 目標から逆算して必要なアクションを知る

 回帰分析（回帰式）、ゴールシーク 〈9_4〉

課題 ▶ 回帰式を求め 100 万ページビューを達成するためのアクションを求める

この表は、ある会社の企業ブログの記事数と月間ページビュー数の推移を記録したデータです。

このデータを使用して、月間ページビュー（目的変数）を記事数（説明変数）から求める回帰式をセル「E4」に入力してください。

また、作成した回帰式を利用して、100 万ページビューを達成するために必要な記事数を逆算して求めてください。

	A	B	C
1	企業ブログの記事数と月間ページビューの推移		
2		公開した記事（累計）	月間ページビュー
3	2018年1月	8	389
4	2018年2月	20	4,169
5	2018年3月	30	12,676
6	2018年4月	47	10,596
7	2018年5月	61	13,543
8	2018年6月	94	26,583
9	2018年7月	121	38,170
10	2018年8月	151	54,629
11	2018年9月	169	78,264
12	2018年10月	197	92,452
13	2018年11月	219	100,354
14	2018年12月	245	160,115
15	2019年1月	276	163,703
16	2019年2月	311	163,801
17	2019年3月	340	178,653

操作手順 回帰分析を行い、回帰式を導き出す

　9-3 の復習になりますが、まずは、目的変数を「月間ページビュー」、説明変数を「公開した記事数」にして回帰分析を行い、回帰式を導き出しましょう。

1. ［データ］タブ［分析］の［データ分析］をクリックします。

［データ分析］ダイアログボックスが表示されます。

2. ［回帰分析］を選択し、［OK］ボタンをクリックします。

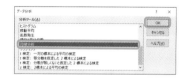

［回帰分析］ダイアログボックスが表示されます。
目的変数を指定します。

3. ［入力 Y 範囲］の ![上矢印] をクリックし、セル範囲「C2:C26」を選択して、 Enter キーを押します。

つぎに説明変数を指定します。

4. ［入力 X 範囲］の 🔼 をクリックし、セル範囲
　「B2:B26」を選択して、 Enter キーを押します。
5. 指定した入力範囲には列見出しを含んでいますの
　で、［ラベル］をチェックします。
6. ［出力オプション］で［一覧の出力先］を選択し、
　ボックスの 🔼 をクリックして、セル「E6」を選
　択し、 Enter キーを押します。
7. ［OK］ボタンをクリックします。

回帰分析の結果が表示されます。

E	F	G	H	I	J	K	L	M
概要								
回帰統計								
重相関 R	0.99248704							
重決定 R2	0.985030524							
補正 R2	0.984350093							
標準誤差	17049.43785							
観測数	24							
分散分析表								
	自由度	変動	分散	観測された分散比	有意 F			
回帰	1	4.2081E+11	4.2081E+11	1447.657338	1.43241E-21			
残差	22	6395033281	290683330.9					
合計	23	4.27205E+11						
	係数	標準誤差	t	P-値	下限 95%	上限 95%	下限 95.0%	上限 95.0%
切片	-27331.53917	6141.541939	-4.450273146	0.000200842	-40068.31759	-14594.76075	-40068.31759	-14594.76075
公開した記事（累計）	681.6407936	17.91524226	38.04809244	1.43241E-21	644.4868552	718.7947321	644.4868552	718.7947321

分析結果を確認しましょう。

まず、「有意 F」の値と「補正 R2」の値を確認します。有意 F の値は「1.43241E-21」です。有意性の基準でよく使われる「0.05」を大きく下回っていますので、この分析には意味があるといえます。

「補正 R2」の値も「0.98」となっているので信頼性も高いと判断できます。

回帰分析で算出された切片と係数から回帰式はつぎのようになります。

月間ページビュー= 公開した記事（累計）× 681.6407936 - 27331.53917

操作手順 回帰式を入力する

セル「E4」に回帰式を入力します。

1. **セル「E4」をクリックし「 = F4*F23 + F22」と入力します。**
2. **試しに、セル「F4」に「700」と入力します。**

記事数 700 のときのページビューの予測値が計算され、セル「E6」に「449,817」と表示されます。

E	F
回帰式	
月間ページビュー	記事数
449,817	700

ゴールシーク

　ゴールシークとは、目標とする結果を先に決めておき、その結果を得るために必要な値を逆算する機能です。

　簡単な例で説明します。たとえば、お店の売上を例にすると、平均客単価が 1000 円で、客数が 1 日 200 人のとき、1 日の売上は 20 万円（= 1000 円× 200 人）になります。

　では、客数は 200 人のまま、売上目標を 30 万円にするには、客単価をいくらに上げる必要があるでしょうか。ゴールシークを使うと、このような計算を簡単に行うことができます。

　回帰式ができれば、説明変数（記事数）の値を変化させたときに目的変数（月間ページビュー数）の値を求めることができますが、回帰式ではその逆の計算はできません。

　ゴールシークを使用すると、このような逆算の計算を簡単に行うことができます。

ゴールシークで目的変数の目標値から必要な説明変数の値を求める

　月間 100 万ページビューを達成するために必要な記事数を求めてみましょう。

1. ［データ］タブ［予測］の［What-If 分析］をクリックし、［ゴールシーク］をクリックします。

［ゴールシーク］ダイアログボックスが表示されます。

2. ［数式入力セル］ボックスの ↑ をクリックし、回帰式が入力されているセル「E4」を選択して、Enter キーを押します。

3. ［目標値］ボックスに「1000000」と入力します。

4. ［変化させるセル］ボックスの ↑ をクリックし、記事数が入力されているセル「F4」を選択して、Enter キーを押します。

5. ［OK］ボタンをクリックします。

6. 「解答が見つかりました。」のメッセージが表示されたら、［OK］ボタンをクリックします。

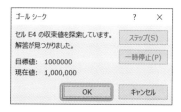

月間100万ビューを達成するために必要な記事数の予測値が逆算されて表示されます。

回帰式	
月間ページビュー	記事数
1,000,000	1,507

本章のまとめ

- データの平均値、中央値、最頻値、最大値、最小値を求めることで、データの大まかな分布状況（ヒストグラムの形）を知ることができます。

- 平均値、中央値、最頻値、最大値、最小値などはデータの特徴を代表する値という意味で、「代表値」とよばれています。

- 標準偏差とは、平均値からのデータのバラツキの度合い（バラツキの平均）を示す値です。

- データ分布のグラフでデータのバラツキが大きい（標準偏差の値が大きい）場合は、全体的に緩やかな傾斜のグラフになり、データのバラツキが小さい（標準偏差の値が小さい）場合は傾斜のきついグラフになります。

- 相関係数を計算すると、データの関係を数値で求めることができます。

- 回帰分析とは、予測したい結果（変数 y）と原因となる要素（変数 x）に相関関係があるか、原因となる要素が予測したい結果にどのくらい影響しているか、その要素による影響があると判断してよいかなどを検討するための手法です。

- 重回帰分析の結果、「有意 F」の値が 0 に近ければ近いほど、回帰式の信頼性は高いといえます。一般的に「有意 F」の値が「0.05」より小さい場合、回帰式には意味があるといえます。

- ゴールシーク機能を使うと、目標値（目的変数）から逆算して必要なアクション（説明変数の値）を求めることができます。

先輩！大きなファイルやちょっと複雑な集計もできるようになりました。ありがとうございます。

でも、ミーティングで本部長に「集計して終わりではなく、そこから何を導き出すのかが大事なんだ」と言われてしまいました。データから情報を導き出すには専門的な知識が必要ですよね。

確かに集計が最終目的ではなく、そこから情報を導き出さなくては意味がないわね。

データを本格的に分析するには、統計的なデータ分析の手法や考え方を学習する必要があるけど、Excelで簡単にできるデータ分析の考え方を学習してみましょう。

MEMO

MEMO

著者

太田耕市
有限会社デジタルファクトリー代表取締役

関西学院大学法学部卒。テクニカルライター、プログラマー。
株式会社ジャストシステムにてプログラマー、ユーザーサポートなどの業務を経験後、1999 年に独立。日本能率協会マネジメントセンター（JMAM）を中心に IT 系通信教育教材の企画・執筆などを担当。企画講座多数。
2015 年に国家資格の情報セキュリティスペシャリスト（現：情報安全確保支援士試験）を取得し、情報セキュリティに関する業務も担当している。

※本書は、通信教育「瞬速！Excel データ集計徹底活用コース」（日本能率協会マネジメントセンター）の教材をもとに再構成して書籍化いたしました。

パカッと開く!　Excel データ集計

2024 年 3 月 30 日　　初版第 1 刷発行

著　　　者 —— 太田耕市
©2024 Ota Kouichi

発 行 者 —— 張 士洛
発 行 所 —— ㈱日本能率協会マネジメントセンター
〒103 - 6009　東京都中央区日本橋 2-7-1 東京日本橋タワー
TEL03（6362）4339（編集）／03（6362）4558（販売）
FAX03（3272）8127（編集・販売）
https://www.jmam.co.jp/

装　　　丁 —— 山之口正和（OKIKATA）
本文組版 —— 株式会社明昌堂
印 刷 所 —— シナノ書籍印刷株式会社
製 本 所 —— 株式会社新寿堂

ISBN 978-4-8005-9192-0　C2034
落丁・乱丁はおとりかえします。
PRINTED IN JAPAN

JMAM の本

パカッと開く! ショートカットキー&キーボード術
PC前に置いて学べるシリーズ

大林ひろこ 監修

四六判ヨコ型変形並製／ 200頁

パソコン操作で知っておくと便利なショートカットキーを知りたい方、そもそもキーボードに不慣れで機能の知識も怪しい方にも贈る、PC前に置いたまま読める学習帳。Windows&Mac両方の操作について解説した一冊です。